しきたりに込められた日本人の呪力

秋山眞人
布施泰和［協力］

河出書房新社

風習の背後にある真の意味と私たちの未来――まえがき

●しきたりには「実用的効果」がある

私たちの生活には、年中行事や冠婚葬祭のしきたりや習慣が自然に染みついているといっていいだろう。だが、その不思議さに思いを巡らしたことはあるだろうか。しきたり探究は意外な面白さにつながっている。

年末には大掃除をして、年越しそばを食べ、年が明けると初詣に出かける。正月には凧《たこ》を揚げて、独楽《こま》を回し、雑煮《ぞうに》やおせち料理を食べる。春になれば、ひな祭りを祝い、花見を楽しみ、夏の土用《どよう》の丑《うし》の日には鰻《うなぎ》を食べて、お盆や彼岸《ひがん》には先祖供養の墓参りをする。

「なぜそうしているか」を深く問うこともなく続けていることが、日本の生活にはあまりにも多いのである。しかも毎年そうした行事や儀礼を続けているのに、そのしきたりや風習の「本来の意味」が見失われているように思うのは、私だけであろうか。

いまでも続いているしきたりや風習の歴史の裏には、実は先人たちが築いてきた霊的な知識や知恵が宝庫のように埋まっているのだ。長い間に培《つちか》われた神秘的な体験や経験の蓄積、すなわち歴史や伝統によって裏付けられた「実用的な呪術」が隠されているのである。私は今日の日本において、しきたりや伝統を「呪術性」「実用性」の観点から捉え直しをすることが非常に重要であると思う。それは同時に「オカルト」や「呪術」という捉え直しにもつながる。生活に使えるライフ・オカルティズムやポジティブ・オカルティズムを、しきたりから導き出せないかという実験的作業でもあるのだ。

歴史や伝統は、学術的、客観的な事実としての出来事・事象を残していくための篩《ふるい》である。しかし、歴史や伝統には同時に、真の「実用性」を炙《あぶ》り出す力があるという言い方もできよう。その実用性とは何かといえば、「ご利益《りやく》」などという言葉で語られてきたものの奥にある「恩恵」と「実利」を最大限に利用することである。それが先人たちにとっての歴史的な「実用性」であったに違いない。だからこそ、それが風習となり、伝統として長く受け継がれてきたのではないだろうか。

「歴史なんて間違いだらけさ!」といわんばかりの批判的な本が流行っているが、私たちの先祖は決して愚かではないし、そのすべてが間違いであれば、いまの私たちの社会は存在していない。それどころか、先祖は、子孫の「心の自由」を守りたいという願いからしきたりを伝えたとも思えるフシが多々見られる。

無駄なしきたりはすぐに消えるし、「無駄な便利さ」もはかないものである。あっという間に忘れ去られる。九〇年代のなつかしいゲーム「たまごっち」もかつては大ブームとなり、サラリーマンもポケットに入れて持ち歩く時期もあったが、それもいまではすっかり廃《すた》れている。

面白くて手軽で便利なメガヒットの流行も、消えるのはあっという間である。ところが「しきたりや風習」は、ほとんど消えることはなく、少なくとも一〇〇年以上は続いてきたものばかりである。

ある種のとても簡単な「同じ所作」を日常や季節ごとに繰り返すことによって、能力を開発することができるようになるという、便利で面白く、楽しく長く続けられる「実用実利学」が根底にあるからだという見方はできないだろうか。

人間の潜在能力を引き出すために近年流行りの、「型を破れ」「新しいことをやれ」というような自己啓発法以上のものが、実はその所作に秘められていると私は考えている。しきたりや風習のなかにこそマインドパワーを最大限に引き出す古代からの秘密が隠されていると信じるに足る理由があり、本書では、それをできる限り明らかにしてゆきたいと考えた。

古いものを探究することで新しい未来に自然に気づくことはよくある。

●習慣が予知能力を研ぎ澄ます

たとえば、朝、服を整えるという所作を例に挙げてみよう。同じ下着をつけて、同じ服を着て装いを整えるという作業を繰り返しているうちに「どうも木曜日だけはうまく整わない。違和感がある」という日が発生したりする。そういうときは、木曜日に何か重大なことや大きな事象が起こることが多いのである。実は単純なことを繰り返すしきたりや習慣は、「予知性」とも深くかかわっているから不思議だ。

同じ所作を繰り返しているがゆえに、小さな違和感でも気づきやすい。儀礼的な所作、しきたりにのっとった日常のルーティーンは、未来を予知したり感じたりすることの最も楽なトレーニングなのだ。

その重大な意味がわからないと、儀礼やしきたりによって繰り返される所作は窮屈《きゅうくつ》に思うだけとなる。だが、毎日あるいは毎年同じ所作を繰り返すから、違和感（予知）がわかるようになるのである。それは、何かこれから起こることの変化を感じる、身体で測る未来直感能力が日々の所作によって培われているからである。日常や季節ごとに決められた所作が、変化を感知する直感力を育む入り口になっていることが多いのだ。

しきたりや風習は、窮屈に感じることなく、積み重ねてきた所作が自然な感覚でできるようになることによって、「能力を開発できた」とか「リラックスできた」とかいう実感が得られるようになる手段である。一石二鳥にも三鳥にもなる呪術性（呪力）をもっているからすごい。

つまり、良いしきたりの見えない意味を知って、それを習慣化すれば、人は禍《わざわい》を遠のけて幸せになることができるのだ。だからこそ、しきたりや風習は大切なのである。

本書では、しきたりや風習の由来といった単純な知識ではなく、日本人のしきたりや風習に秘められたオカルトの実用的な効果を詳《つまび》らかにしていく。そうした目には見えない「呪力」の秘密を明らかにすることにより、「人間が成功するための秘密」や「人間が幸福になるための秘密」に関する多くのヒントを提供することが狙いである。そして読者の皆さんが、そのヒントから風習に隠された本当の意味を知って、現実の生活に役立てていただけたらと、心から願っている。

ちなみに、本書でいう「呪術」とは、「人に禍をもたらす術」ではない。見えない大自然力や、心の力、イメージ力を味方につけるための実用的技術、歴史的習慣を指す。そこには、ポジティブでためになる〝テクノロジー〟のヒントが深くかかわっているのである。

さあ、人生のヒントと楽しさを、この本から見つけ出していただきたい。この歴史に向かう冒険は、いま始まったばかりだ。

秋山眞人

しきたりに込められた日本人の呪力　目次

1章 人生の節目をつつがなく――冠婚葬祭のしきたりの呪力

2章
季節を生きるための大切な歳事——年中行事のしきたりの呪力

3章 幸せを願い、引き寄せるための――宗教儀礼のしきたりの呪力

4章 禁忌や俗信と結びついた―― 身ぶり・所作に隠された呪力

5章 毎日、無意識に使っている――漢字・図形・数字に隠された呪力

6章

縁起の良し悪しを暗示する——
言い伝え・ことわざに隠された呪力

7章

動作や歌詞に込められた神秘——
遊び・わらべ歌に隠された呪力

8章
日本人の精神世界を象徴する——
古代神話に隠された呪力

終章 暮らしのなかで呪力を活かす知恵

カバーデザイン◉スタジオ・ファム

カバー写真◉宇苗満/アフロ

本文写真◉ピクスタ/YNS(39ページ)

1章

冠婚葬祭のしきたりの呪力

人生の節目をつつがなく——

呪術だらけの「揺りかごから墓場まで」

人はオギャーと生まれた瞬間から習慣やしきたりに満ちた人生をスタートさせる。へその緒《お》をどうするかに始まって、名前を何と名付けるか、そして七五三などの冠の祝いがあるかと思えば、やがて成長して婚礼、出産などにかかわる儀礼や儀式のオンパレードだ。

やがて、両親が亡くなれば、葬祭の儀式に追われ、ついには自分が喜寿《きじゅ》、米寿《べいじゅ》、白寿《はくじゅ》と齢《よわい》を重ねたことを意識する儀式をされる。そしてついには、自分の葬儀が待ち受けているという塩梅《あんばい》である。まさに「揺りかごから墓場まで」呪術だらけだ。

ではいったい、その儀礼や儀式のなかにどのような呪術が隠されているのだろうか。まずは生まれた直後に出会う「へその緒の儀式」に隠された呪術から順番に語っていこう。

へその緒　なぜ保管しておくのか

へその緒を桐《きり》の箱に入れて保管している人は多い。へその緒はその人の護符《ごふ》のようなもので、本人の危急《ききゅう》の際に薬として煎《せん》じて飲んだりすると、命が助かるという話も伝わっている。もちろん、迷信扱いする人も多いし、グロテスクな話にも聞こえるかもしれない。

だが、そういう話が伝わるくらい、へその緒は呪術的なのだ。へその緒にまつわる話をすべて迷信であるとして片づけることはできない。へその緒はそれだけ大事なのである。

なぜ大事なのか。そもそもへその緒がなければ、自分は存在できなかったというイメージからはなれることはできないからだ。その命綱を捨てることは、イメージ的には生命を軽んじている行為に等しいということになってしまう。

へその緒は自分の「存在理由の象徴」である。かつ「延々と続く母性の一部」であるという象徴でもある。母性が肉体を通じて続いていくことや、誕生そのものが、へその緒によって表わされている。

それを保管することは非常に呪術的なのだが、知らない人々はほとんどそのようなことを考えもせずに、「寿」と書かれた桐の箱に入れて、神棚などに大事にしまっているのが実情だ。霊的側面は忘れ去られて、風習だけが続いているのは悲しい。

同様に、乳歯が抜けると、下の歯は上に投げ上げて、上の歯は下に投げるという風習が残っている地方もある。そうすると、丈夫な歯になるというのである。

果たしてそのような効果がどれだけあるのか、正直、私にもわからない部分はある。一つ言えることは、歯は呪具《じゅぐ》であるということだ。古代アフリカでも動物の歯や牙は一級の呪具として使われていた。

実際に私も古い虎の牙を手で触ってみたことがある。するとそれだけで、まるで自分が虎になったように、その日一日が冒険的な日になってしまったことをよく覚えている。運命律が荒くなって、意外なことが次々に身の回りで起きるようになった。イギリスの小説家W・W・ジェイコブズ（一八六三～一九四三）が書いた『猿の手』（三つの願いを叶えるという「猿の手」のミイラをもらったことによって、悲劇的な怪奇事件に巻き込まれるという短編小説）のような現象が起き始めたのだ。歯にはそれほど強い霊的な力が宿っているのである。

勾玉《まがたま》も、牙の代用品であるとの見方もある。「葦牙《あしかび》」のように「芽《め》」のことを「牙」と書くのは、「牙」は生命力を表わす植物の「芽」と同義だからである。

そう考えると、本来は歯も、へその緒と同様に取っておくことに意味があるのではないか。よく洗ったうえで、香油などを使ってきれいに消毒して、神棚に飾るとか、桐の箱に入れて大事に取っておくとよい。

その理由は、生きているうちに、そうした物寄りの魄《はく》（人や物質にまとわりつく念のようなもので、皮膚と骨に残りやすい性質をもつ霊的なもの）を強くまとったモノが身から離れているということは、あまりいいこととはいえないからだ。自分の魄をまとったモノは身近に置くべきなのである。とくに魄の強いものが宿っているのは、へその緒であり、歯である。それは自分の分身に近いモノであり、それを大事に取っておくことは、霊的には非常に意味があるのだ。この「霊魄」とも呼ばれる「魄」については、後の章でも折りに触れて詳しく説明する。

古代エジプトでは王が死ぬと、魄が残った体をミイラとして保存した。内臓すら瓶《びん》や壺などに入れて保管したといわれている。さらにその上にピラミッドを建造するという念の入れようであった。魄を神聖なものと捉えていたわけだ。同様な理由で、歯やへその緒など自分の身から離れたものは、神器として神に近いところに置くべきなのだ。そうすることによって、神様とつながりやすくなったり、つながり続けたりすることができる。一種の神と交信するための中継器になるのではないかとも感じることがある。

衛生上の問題もあるので、へその緒を漢方薬のように煎じて飲めとまではいわないが、それほど大事なものであると思って大切にすべきだ、という意味がそこにはあるのではないだろうか。危急のときにへその緒を飲むという表現のなかには、命が危ないときには生まれてきた意味をもう一度考えて、この世に生まれてきた奇跡に感謝せよ、というメッセージが込められているのだと考えることができる。へその緒に教えられることは意外と多いものである。

命名―姓名判断は迷信か

▼文字と画数にはそれぞれ霊力がある

モノに名前があるように、生まれてきた子にも名をつける。その名前にもある種のしきたりがあり、その背後には呪力がある。

姓名判断のしきたりでいうと、各文字の画数、苗字だけの画数（天格）、名前だけの画数（地

姓名判断の見方

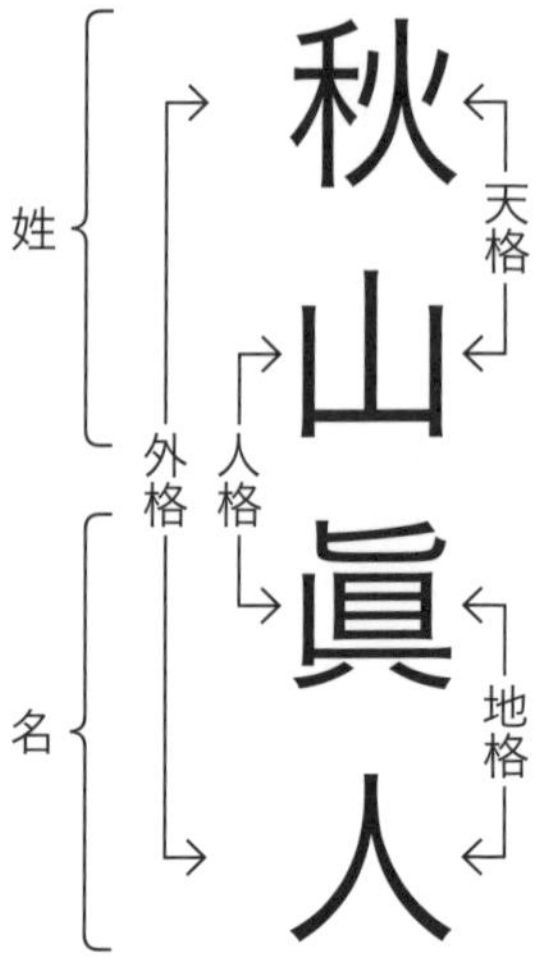

格）、苗字と名前の接点の二文字の画数（人格）、いちばん外側の文字同士の画数（外格：姓名が五文字以上の場合は、総画から人格を引いた画数）を総合して見る方法が流派として多い。それぞれの文字の数が偶数か奇数か、その組み合わせで見る流派もある。

かつて、こうした姓名判断に根拠があるのか論争が巻き起こった。そこであるテレビ番組が一〇〇名ほどの統計を取ってみたところ、ほとんど意味がないことがわかったともいわれた。

しかしながら、その統計自体にも問題がある。姓名判断に批判的な人が統計を取ると、姓名判断に関心がない人や否定的な人にインタビューしてしまう傾向があるからだ。回答者の偏見を取り除こうと特定宗教の信者や姓名学信者を除外して、そうでないグループで統計を取ってしまいがちになる。

逆に姓名判断を肯定的に捉えている人が統計を取ると、その人の周りには姓名判断が好きな人や同じ流派の人が多く、そういう人たちのグループで統計を取ろうとする。統計の結果に差が出るのは当たり前なのだ。

批判的な人は、そもそも生命判断に影響を受けていない人たちを抽出して統計を取ろうとし、逆に肯定的な人は名前がもつイメージ力を信じ、姓名判断の影響を受けている人ばかりを集めて統計を取る。つまり、研究者の態度や無意識的志向が影響を与えやすい分野なのである。

別の言い方をすれば、姓名判断の可否は、イメージ力を軽視するか重視するかの違いでしかない。人間がもつイメージ力を重視するならば、姓名判断は重要である。反対に軽視する人は、画数など一切気にせず、極端な例では、名前の漢字が忌み嫌われる言葉でもかまわないという人もいるかもしれない。

だが私は、姓名判断には精神的にイメージを強化したりきれいにしたりするという強力な呪力があり、それを活用しない手はないと思っている。音や画数から醸《かも》し出されるイメージには、自分を律したり、本来の自分に戻らせたりする力が宿るからだ。たとえば、これまでの経験から、カリスマ的な超能力・霊能力のある能力者には一三画の画数をもつ人が多いのではないかとの感触をもっている。すなわち苗字か名前か、人格や外格の画数が一三の人だ。

「一三」には、「不吉」という意味ではなく、「不思議なこと」「神秘的なこと」または「あまり起きないこと」を引き出す謎の力がある。この呪力は、歴史のなかで崇《あが》められたり畏《おそ》れられたりしたのであろう。

ちなみに年号「令和」も一三画である。何が起こるのかと思っていたら、「新型コロナウイルス」「オリンピック延期」など二年を待たずにありえないことが次々と起きている。しかし、「令和」に悪いことばかりが続くというわけではない。当然、ミラクルが起きうる年号ともいえるのだ。

▼能力者と「一三画」

霊的能力が高い人の姓または名の総画数が「一三」である場合の例を挙げよう。霊能者として一世を風靡《ふうび》した宜保《ぎぼ》愛子（一九三二〜二〇〇三）の「愛」は一三画である。「子」はあくまでも称号にすぎないとして画数に数えないという主流な姓名判断のルールにのっとると、彼女の名の画数は一三となる。同様に占星術の細木数子（一九三八〜）の「数」も一三画だ。超心理学研究家で能力者でもあった井村宏次《こうじ》（?〜二〇一四）の「宏次」も、中村天風《てんぷう》（一八七六〜一九六八）の「天風」も、一三画である。そもそも「天皇」の画数が一三であることも偶然ではないのかもしれない。「令和」時代の「天皇」は一三画＋一三画で霊力としては最強となる。

外格の数では、人格の数では、霊界の広報マンと呼ばれた丹波哲郎《たんばてつろう》（一九二二〜二〇〇六）が「丹」と「郎」で一三画だ。人格の数では、日露戦争のとき霊夢でバルチック艦隊のルートや隊形を知った秋山眞之《さねゆき》（一八六八〜一九一八）が人格の「山」と「眞」で一三画であった。

同様に名前そのものに数字の「三」がある人のなかにも、能力者は多い。最も有名なのは、大本《おおもと》の聖師である出口王仁三郎《でぐちおにさぶろう》（上田喜三郎、一八七一〜一九四八）だ。福来友吉《ふくらいともきち》の念写研究で「月の裏側」を念写したという三田光一（一八八五〜一九四三）にも「三」が付いている。「手の平療治」の本を書いた三井甲之《こうし》（一八八三〜一九五三）、物理霊媒を研究した英文学者・浅野和《わ》三郎《さぶろう》（一八七四〜一九三七）、日本のラスプーチンとも呼ばれた霊能者・飯野吉三郎（一八六七〜一九四四）、物理霊媒の亀井三郎（一九〇二?〜一九六八）らも「三」が名前についている。

ちなみに、UFOを研究する人には数字の「一」が多い。UFO番組を多く手がけたテレビディレクターの矢追《やおい》純一氏（一九三五〜）、UFOライブラリーを立ち上げた荒井欣一《きんいち》（一九二三〜二〇〇二）、UFO関連の著作が多い高梨純一（一九二三〜一九九七）、東海大学のUFO超心理学研究会で活躍した大谷淳一氏（一九五七〜）、月刊誌『ムー』の代表的なライターで超常現象研究の第一人者の並木伸一郎氏（一九四七〜）、テレビによく出演する、たま出版編集長の韮澤《にらさわ》潤一郎氏（一九四五〜）など本当にパワフルな面々が名を連ねている。

画数以外では、地口《じぐち》とか語呂合わせの要素もある。これもイメージ力を重視するかどうかの問題だが、年齢とともにイメージ的にそぐわなくなる名前も存在する。流行語やキラキラネーム、タレントの名前のイメージは時代と共に変化するので、命名には普遍性を考慮することも大切かもしれない。

命名に必要な四つのイメージ

名前のイメージは本当に大事である。私は名前には四つのイメージのバランスが必要であると思っている。

一つは知られやすさ、わかりやすさ。やはり皆が気にしてくれる、呼びやすい名前がいい。

一見して読みにくい名前は避けたほうがよいという教えは侮《あなど》れない。読みづらいということで、周りから敬遠されたり、ちゃんと自分の名前を呼んでくれないということによって疎外感を感じたりしてしまうからだ。

私にも経験がある。「眞人」と書いて「まこと」と読むが、「まさと」とか「まさひと」と呼ばれることが多い。すると、常に何となく自己不在感があったことを覚えている。皆にちゃんと認知してもらえないと感じていたからだ。名前が間違って読まれやすいというのは、その子にとって不幸でもある。逆に名前がわかりやすく、覚えやすいと、その子はすくすくと育つ。そういう呪術があるように思える。

二つ目は書きやすさだ。あまりにも画数が多く複雑な漢字を使うのは、本人にとっても苦痛を伴うはずだ。学校などの試験でも名前を書くだけで、他の人の倍以上時間がかかってしまうようでは、ハンディキャップになるだけでなく、名前に対するマイナスのイメージを醸成《じようせい》することにつながりかねない。本人に利便性がなければ、なるべく避けるべきである。

三つ目は、数字とか地口、語呂合わせを使った呪術性だ。縁起のいい漢字や縁起のいい画数、それに良いイメージを起こさせる言葉の響きなどは、非常に重要な要素である。

四つ目は、意味を含めた、名前のもっている総合的なイメージである。全体の見た目のバランス、構えの落ち着き具合も大事になる。

この四つのイメージのコントロールが、名前をつけるうえでの大切なポイントではないだろうか。

▼号や諱《いみな》があるほんとうの理由

名前の呪術性について、もう一つだけ付け加えるならば、漢字一字だけ通常では読めないような読みにする名前の付け方もある。「眞人」でいえば、通常では「まさひと」とか「まさと」とか「まひと」と読む。だが、これを「まこと」と読ませることで、他者からの邪念という呪術にかかりづらくさせることができるのだ。

当然、このことは一つ目のポイントで掲げた「読みやすさ」の利点とは矛盾する。それは仕方のないことである。というのも、「読みやすさ」には、人間を素直に、そして従順にするという呪力があるからだ。名前を簡単に呼ばれるということは、それだけ呪術にかかりやすいということでもある。

逆に名前が読めなかったり、特別な読み方をしたりすれば、呪術にはかかりづらい半面、名前をちゃんと呼んでくれないという疎外感から、自己不在感に陥りやすい。要はすべてバランスの問題なのである。

私の名前の場合は、読みやすさもあれば、読まれにくさもある。私の周りで能力者がいろいろな意味で短命だったりストレスフルだったりするなか、私がこうして生き残れた一因は、名前に呪術性があったからだとも感じる。人の念、いわゆる生霊は、本名をターゲットとして本人へとまとわりつくとされる。要は名前が知られるようになると、妬《ねた》まれるわけだ。名前がわからないと妬みが入り込めない。

人を陥れる、あるいはその人の状態を悪くさせる呪術はないことはない。そのなかでも強力だとされる犬神《いぬがみ》の呪術「犬神憑《つ》き」でさえ、呪う相手の毛穴の数まで把握するくらいわかっていないと、かけられないともいわれている。毛穴の数というのは一つの比喩であるが、データをよく知り、相手のイメージが明確になることの重要性を説いているのだ。相手を知り尽くすことが呪いの呪術には絶対条件なのである。そういう意味で名前は護符《ごふ》でもあるわけだ。

だが、本当に怖いのは、長い間知り合っている者同士の間でたまっていく恨みだ。名前をはじめ、何もかも知り尽くしている者同士が発する念は、強力な呪力として互いに多大な影響を与える。犬神などよりもはるかに怖い。長く付き合った人にたまっていく「裏の感情」が怖い。

だから、盆暮れの付け届けなどで、甘味の品などを贈り合ったりすることが大事なのである。それによって、「裏の感情」が和《なご》むからだ。

それ以外にも対策はある。名前を変えることだ。といっても、本名を変えるわけではない。ペンネームや雅号《がごう》をもつのである。人間関係を変えるために、号（学者・文人・画家などが、本名や字の他に用いる雅名《がめい》）を変えるという習慣もある。有名人が号をもつのは、「妬み」を受けないようにする呪術でもあるのだ。元服《げんぷく》（男子が成人になったことを示し祝う儀式）を含め、年齢で号を変えることもあった。学び舎《や》が変わって、人間関係が変わって、環境が変わるときに号を変えるのである。趣味が変われば号を変え、引退しても号を変える。

かつては元服の際、髪型や服装を改めるだけでなく、幼名を廃し別の名前をつけた。烏帽子《えぼし》をつけることから烏帽子名とか元服名と呼ばれた。諱（忌み名）といって実名を隠す風習もそこからきている。

近年、夫婦別姓が話題になっているが、女性が結婚して夫の姓に変わるのは、「妬み」を回避するという呪術的な側面もあった。姓を変えることによって、女性は霊的に守られたわけだ。その意味では、夫婦別姓には問題があるといえる。なぜなら女性のほうが、霊的感受性が高いがゆえに、それだけ霊の影響を受けやすいからだ。「恨み」などの邪念を感じやすい。

これに対して男性は、生霊には強く、「妬み」にさらされても意に介しない人が多い。つまり男は概して、霊的に鈍感な生き物なのである。しかしその分、念を通す力が強い人に男性は多い。巫《かんなぎ》（神がかり）に女性が多く、祈禱《きとう》者に男性が多いのはそのためである。

七五三 なぜこの年齢で祝うのか

七五三の歴史は古く、三歳、五歳、七歳を子供の節目の歳として祝う風習である。昔は、男女とも三歳になると、「髪置き」といって髪を伸ばしはじめ、男児は五歳になると「袴着《はかまぎ》の祝い」をして男の衣服を着け、女児は七歳で「帯祝い」をして、つけ紐《ひも》を取って帯をしめた。これが七五三の始まりだという。

一一月一五日に祝うようになったのは、江戸時代の犬公方《いぬくぼう》で有名な五代将軍・徳川綱吉《つなよし》の時代だ。三歳になった嫡男・徳松の祝いを天和《てんな》元（一六八一）年一一月一五日におこなったからだといわれている。この日は、中国の天文術「二十八宿」の「鬼宿日《きしゅくにち》」とされ、嫁取りのほかは万事に大吉であった。その徳松が五歳のときに亡くなっていることから、祝っても効果がないと揶揄《やゆ》する向きもあるが、そもそも節目をつくって儀礼をおこなうこと自体に深い意味があるのだ。

実際、徳松が亡くなったからといって、七五三の行事はなくならなかった。なくならないどころか、一一月一五日に子供の成長を祝う七五三が江戸の庶民に定着したのは、それからほどない元禄時代（一六八八〜一七〇四）であった。

浅草の七兵衛の千歳飴《ちとせあめ》も、この風習にあやかってつくられたものではあるが、円筒形（長方形）のものを食べるというのは、易《えき》では「震《しん》」というシンクロニシティを起こす呪術的チャンネルとつながり、「良い人に囲まれる」という意味がある。

七・五・三という数字には、「行き過ぎないように」という意味がある。どういうことかというと、奇数には行き過ぎをなだらかにするという意味合いがあるのである。偶数は逆に生命力をより強める力がある。もちろん、奇数と偶数の意味の解釈は昔から諸説ある。中国でも、解釈の違いがあり、王朝が替わるたびに奇数が好まれたり、偶数が好まれたりした。

しかしながら、少なくとも日本においては、奇数は行き過ぎを抑え、偶数には力を強めるという意味が備わっていることが見えてくる。だから七五三という奇数の数字には暴走を抑えるという意味がある。

そのなかでも「三」は、易でいうところの「火」であり、「感情」と関係する。つまり行き過ぎた自分の感情の暴走を抑えるという呪術があるのだ。同時に他人の感情を大切にするべきであるということを教える時期でもある。

「五」は易でいうと「風」であり、「自由」と関係する。自らの自由の行き過ぎを戒めるとともに、他人の自由を大切にすることを教える時期である。

「七」は易でいうところの「山」であり、自分独りで積み上げ過ぎたり、続け過ぎたりしないように戒めるとともに、それまでに皆が積み上げたもの、すなわち「歴史」を大事にすることを教える時期でもある。

易は後の章でもひんぱんに出てくるので、八卦《はっけ》と数字、形、色、方位などとの関係を端的に示した表を30〜31ページに掲げておこう。

これが七五三の霊的な意味だ。三歳のときに、「人の感情を大事にする人間になりなさい」と教えられ、五歳で「お互いの自由を大事にする人間になりなさい」と学ばされ、七歳で「お互いに培ってきた歴史や伝統を大事にしなさい」と諭《さと》される。

男の子の祝いは三歳と五歳で、女の子の祝いは三歳と七歳でおこなうと一般的にされている

易とシンボルの関係

八卦分類	卦象	八象	自然象	身体象	数字	色彩	形	方位	家族人物	天候
坎(かん)	☵	水	滝、雨、深い渓谷、断層、穴、割れ目、真っ暗な場所、洞窟、井戸	腎臓、耳、血液、体液	6	黒	凹型	北	次男	雨、雪
艮(ごん)	☶	山	丘、岳、陵、盛り上がった場所、突き出た石、立石、磐座	骨、肩、背中	7	藍	凸型	北東	末っ子三男	霧、曇り
震(しん)	☳	木(雷)	林、森、叢、祭、音がよく鳴る物、生き物が混在する場所	肝臓、目、筋肉	4	青、緑	長方形	東	長男	雷
巽(そん)	☴	風	高原、風の通り道、嵐、台風、流行、突風、竜巻	肘、股、喉	5	紫	曲線	南東	長女	風全般
離(り)	☲	火	火山、火事、光を発する物、熱のある物、燃えている物	心臓、舌、瞼、歯	3	赤	三角形	南	次女	晴れ、虹
坤(こん)	☷	土(地)	大地、平野、むき出しの土、砂、砂利、泥、さざれ石、地球	脾臓、唇、腹、胃	8、0	桃、橙	正方形	南西	母	霧、曇り
兌(だ)	☱	金(沢)	湖、湿った沼、穏やかな水の浅い渓谷、水たまり、湿った窪み	肺、表皮、毛	2	白、金、銀	三日月型	西	少女	霧雨、星空
乾(けん)	☰	天	宇宙、星(恒星・惑星)、銀河、青空、雲	脳、首、頭蓋	1	灰	円形	北西	父	霰、雹

八卦分類	霊獣及び動物	プラス面	マイナス面	危険な予兆・予期しないで起きた場合	他力的超開運法	自力的超開運法
坎(かん)	玄武、亀、鼠	賢者的	閉鎖的	燃える、大切なものをなくす	弁才天、水神に祈る	自らの潜在意識に加護を祈り、人生の目的を再認識する
艮(ごん)	牛、虎、精霊全般	計画的	頑固	騙される、壊される、否定される	不動明王、山神に祈る	自らの内にある先祖意識に加護を祈り、楽しいことをする
震(しん)	龍、兎、長虫、蜥蜴	協和的	他動的	非難される、人と会えない	龍神、雷神に祈る	瞑想し、心を鎮め、己の生命力を再確認する
巽(そん)	山野に棲む生物全般	斬新	無責任	閉じ込められる、動けない	風神に祈る	解放と自由がより拡大していくことをイメージする
離(り)	鳳凰、昆虫、甲殻類、馬	情熱的	感情的	水が漏れる、流れない	孔雀明王、火神に祈る	自分の心のなかに美しいものを次々とイメージする
坤(こん)	羊、猿、雌の動物全般	受容的	混乱	バラバラになる、忘れる	地蔵、地母神に祈る	自分の心の内にいまあるすべての問題を乗り越える力がすでにあると意識する
兌(だ)	赤色以外の鳥、淡水生物	快活	おしゃべり	腐る、聞き流される、口が痛い	菊理姫命、金神に祈る	光明と豊かさと安心の内にあるとイメージする
乾(けん)	ライオン、象、天馬、コウモリ	積極的	選り好み	つまずく、落ちる、すべる	天照大神、天神に祈る	私は強い、負けない、成功するとイメージする

が、本当は男女の差などなく祝うべきだ。

ただ、昔は、女性がその土地に残って、その土地の歴史や伝統を守ってほしいという思いが強かったのではないかと思う。反対に男性は、節度を保ちながらも自由に新天地を求めて旅立つことができるように促しているように思われる。男性は糸の切れた凧《たこ》になってしまうと問題が生じるが、かかわっている人たちの自由を守ろうとすることが、昔から男の大きな役目であったのではないだろうか。

仮に昔の人たちが、七、五、三歳という年齢を無意識的に選んだとしても、彼らはその年齢に霊的な意味があることを薄々感づいていたような気がしてならない。無意識のうちに数字に隠された呪術を感じ取っていたのである。人間には生まれたときから、霊的なモノを感じる力が刻まれていて、重要なときにそれを選んでしまうという側面があるのだ。

その力によって選ばれたのが、七五三という数字であったのではないだろうか。

元服（成人式）――なぜ帽子をかぶるのか

元服は、いまでいうならば成人式であった。すでに七世紀には「成人式」は儀式として制定され、奈良時代（七一〇～七八四）以降には、元服と呼ばれるようになった。

しかしながら、その年齢は現代の成人式の年齢よりずっと若い。童謡『赤とんぼ』で「十五で姉《ねえ》やは嫁に行き」とあるが、実際、男は一五歳、女は一三歳くらいからすでに大人扱いされていたという。

元服で烏帽子をかぶるのは、頭を低くして頭を下げることと関係があるように思う。自立心をもてとか、自分で自分を抑える心をもてという呪術的な意味が烏帽子に込められている。袴《はかま》を変えることも呪術である。

烏帽子にかかわらず、帽子全般には「自分を抑える」という意味がある。小学生がよく帽子をかぶらされるのも、もちろん日除けや頭の保護といった意味合いもあるが、霊的には自分を抑えるという呪力が帽子にあるからだ。

だから、自分の力を発揮しなければならないときや、本心を見せなければならないときには、帽子はあまり向いていない。目上の人の前に立つときは、帽子をかぶるのは非礼とされるが、霊的にも本心を見せないという姿勢を意味するので、目上の人に「敵愾心《てきがいしん》」を抱かせてしまう可能性が高くなる。

袴を変えるのは、足と関係が深いからだ。足は、お金を表わす「お足」という言葉があることからもわかるように、「金銭」と関係している。同時に足は、歩くときに常に自分の本体よりも文字どおり一歩先を行くことから、「未来」とも深いかかわりがある。実際、「足末《あなすえ》の法」といって、足の反応で未来を予測する占いもあるくらいである。

つまり、経済と未来を象徴しているのが「足」であり「袴」なのである。その袴を変えるということは、豊かさに向かって新たな未来へと進むことを意味している。

烏帽子によって自分の感情を抑え、袴を変えることによって新たな未来を切り開くという意味が元服に込められているというわけだ。

元服に限らず、ズボンやスカートを新調するということは、自分の未来をよい方向に変えたいときに非常に効果があるのだ。

ただし、今日の成人式に関していえば、着物や袴を新調するという風習は残っているようだが、その意味は忘れ去られ、形骸化《けいがいか》している感が否めない。烏帽子をかぶって自分を律することもなければ、むしろ感情を暴走させているケースが目立つ。

成人式の「式」という字には、そもそも二つのモノをつなげるという意味がある。「弍」という「二」の旧字から類推されるように、「二」をつなぎ「エ」にするからだ。そのことからわかるように、「式」は二人の人が会う、複数の人が出会うことを意味している。より具体的にいえば、二人、もしくは二つのグループが協力し合う仕組みを表わしているのである。結婚式しかり、卒業式しかり。そういうものでなければ、式の意味がない。

本来、成人式というのは、年齢の高い人たちと若い人たちがお互いに協力し合うことを誓い合う儀礼であったはずだ。ところが今日では、一方的に役所から呼ばれた若者が「何くれるの？」といって参加するだけのような雰囲気になっている場合が多い。そこが非常に惜しまれるところだ。

結婚式 「縁起がいい」とは、そもそもどういうことか

結納は、もとは共同で飲食すること、お酒とごちそうを意味した。両家の結びつきを強くするためのもので、婿が婚礼に先立って、女性の家に持参する縁起の良い酒肴《しゅこう》が結納であった。このメニューにも呪術性がある。「鮑《あわび》」は神気宿る不老長寿のシンボル、白扇子は「末広」の意味である。

▼結納《ゆいのう》と語呂合わせ

結納や引き出物として出される食べ物には、地口《じぐち》や語呂合わせ的な意味もある。鯣《するめ》は「日持ち」し、「噛《か》めば噛むほど味が出る」という意味だし、柳樽《やなぎだる》や角樽《つのだる》の「樽」には、「足る」という意味と、「家内喜多留（家の内に多くの喜びがきて留まる）」という意味が込められている。鰹《かつお》は「勝つ」、鯛は「めでたい」「なりたい」、昆布《こんぶ》は生命力と子宝のシンボルで、「喜ぶ」という語呂合わせである。

語呂合わせが非常に重要な意味をもつのは、もともと呪術のなかには、ある単語があって、その二番目の意味や解釈が潜在意識に落とし込まれやすいという性質があるからである。メインの意味は顕在意識化するのに対して、二番目の意味は潜在意識化すると言い換えることもできる。半ば隠された二番目の意味が、潜在意識に影響を与えて、呪術的な意味をもつようにな

るのである。一種のサブリミナル効果がそこにあるのだ。

その効果に気づいていた昔の中国では、たとえば「寿」「祥」「泰」など縁起のいい文字を記した札をあえて上下逆さまにして飾り、一目では読めないようにする「サブリミナル化」をすることによって縁起の力を強めるという風習があった。

要は意識のメイン（顕在意識）ではわからないようにすればいいのである。意識のセカンド化（潜在意識化）をすると縁起物のパワーが強まるのだ。

地口や語呂合わせは、まさにその言葉がもっている二番目の意味を使った呪力なのである。たとえば鯛《たい》の一番目の意味は魚だが、二番目の意味として「めでたい」の「たい」が存在しているのだ。ゆったりやすらかなことを意味する「泰《たい》」の意味でもある。その二番目の意味は、潜在意識にスーッと入っていく。

喜ぶの「こぶ」も同様だ。昆布は「喜ぶ」という二番目の意味として潜在意識に影響を及ぼす。すると、ほうれん草を食べると怪力になるポパイのように、昆布を食べただけで楽しくなり、力が湧いてくるという現象が起きるのだ。

よく「おめでとう」を「お目出とう」と書いたりするが、これには「幸運がまわってくる」という「目が出る」という言葉と、植物の草木の芽が萌え出る「芽が出る」という言葉が込められている。将来的に出世することを、潜在意識に落とし込む効果があるのだ。それが地口や語呂合わせに隠された呪術なのである。

ポイントは潜在意識化するということだ。「私は成功する」と何度も唱えるような単純な暗示効果は、思ったほど成果に結びつかない。顕在意識で意味を考えながら唱えても、その人の欲望など余計な願望が付着して、成功のイメージがぼやけてしまうのである。「何も考えないで」とまではできなくとも、考えるファクター（余計な要素）をできるだけ入れずに、潜在意識にイメージを送り込まなければならない。それができるのが、語呂合わせや、地口、洒落《しゃれ》なのだ。

昔の日本人は、和歌にして雰囲気を伝えた。掛詞《かけことば》を使って、一番目の意味だけでなく二番目の意味をそれとなく忍ばせることによって、潜在意識にも響かせたのである。すると、より奥行きのある神秘的な世界とつながることができるのだ。和歌にはそうした呪術的効果がある。

それは暗示効果ではあるのだが、それだけでは説明できない別の呪力も隠されている。それが、シンクロニシティという現象が引き起こすものだ。

シンクロニシティとは、「意味のある偶然」が因果律《いんがりつ》を超えて連鎖的かつ共時的に発生する現象である。スイスの心理分析家カール・グスタフ・ユング（一八七五～一九六一）が自分の体験を踏まえながら研究し、その現象をシンクロニシティと呼んだ。

地口や洒落は非常に強く潜在意識に影響を与える。すると、潜在意識が、地口や洒落によってイメージされる現象を引き寄せる。「意味のある偶然」同士、すなわち「同じ意味」同士が突如響き合って共鳴するようなシンクロニシティ現象が引き起こされるのだ。潜在意識が、そのイメージを無意識のうちに実現させようとする現象が周りで発生し始めるのである。

この現象は、にわかには信じられないかもしれない。だが、前回東京オリンピックが開催された一九六四年に、トヨタ自動車の「新型コロナ」（三代目のコロナ）が発売されて爆発的に売れたように、二〇二〇年の東京オリンピックでは新型コロナ（新型のコロナウイルス）が爆発的な感染拡大を引き起こすような現象を、人間の集合無意識が引き寄せた可能性がある。

これは単なる駄洒落であると侮れない。それほどに人類の潜在意識がもつシンクロニシティ的な力は強いのだ。現にメキシコの有名ブランドである「コロナ・ビール」は、コロナウイルスを連想させるという意識が無意識的に働くこともあり、まったくウイルスと関係ないにもかかわらず、結果的に生産停止に追い込まれた。

ここまでくると、ただの地口や語呂合わせではない。人類が意識下にもつ攻撃の想念が、細胞を攻撃するウイルスと共鳴し、その蔓延《まんえん》を引き寄せているのだとも考えられるからだ。ネット社会にはびこる誹謗中傷《ひぼうちゅうしょう》合戦や罵《ののし》り合い、だまし合いを見ると、そう思わずにいられない。人類が気づくべき、呪力のもつ本当の恐ろしさがここにある。

▼玉串の捧げ方

再び結婚式の儀礼に話を戻そう。よく間違えるのは、玉串《たまぐし》の捧げ方だ。玉串は枝のほうから捧げる。要は御蔭《おかげ》（神の庇護《ひご》）をいただけますようにという意味である。根を神様のほうに向けて、その実や葉や枝がこちらにくるようにした。幣《ぬさ》など複雑に広がっている形には、広がっ

玉串

ているほうに相対した人の邪気を祓うという願いが込められているのだ。魔女の箒《ほうき》も同じで、広がっている方向に魔法がかかるのである。

それによって、人間関係を豊かにしたり、末広がりにしたりすることができるのである。枝分かれしたものは、易の「震」のアイテムでもあり、そのような力があるとするのは、世界共通の形の呪術だ。

▽三三九度、角隠し、お色直し

三三九度は中国の儀礼だという説もあるが、中国では本来、奇数は忌《い》み嫌われていた。王朝交代で何度か変遷《へんせん》はあったものの、偶数のほうがおめでたいとされることが多かった。日本では奇数がほぼ一貫して縁起の良い数字といわれ、三を三回重ねるのは、非常におめでたいことであるとされた。家紋を見ても、同じシンボルを三つ重ねて「三菱」「三鱗《みつうろこ》」「三葉葵《みつばあおい》」などが古くから使われている。

古代の易の法則からすると、三を二つ重ねるのは「纏《まと》いつく炎」という意味で、感情がまとわりついてぶつかり合う卦《け》「離為火《りいか》」となる。非常に危険な状態で、冷静で正しい姿勢であれば幸運をもたらすが、一歩間違えると争いや離別に発展するという。

日本では、それを半ば逆手にとって、三つの感情が抑え合うという意味で三つ重ねをするのである。婚礼のときに花嫁がかぶる頭飾り「角隠《つのかく》し」も、嫉妬などの感情を表わすシンボルである「角」を抑えるという所作を表わしている。

角隠しにせよ、三三九度にせよ、ある意味で日本の結婚の儀礼というものは、感情を抑え合うという意味合いが強いように思われる。

赤い杯を三つ重ねるのも、感情を表わす「赤」を抑え合うという形を表わしている。三つの感情を絡め合うことによって、お互いが感情を抑え合って離れなくする呪術がここにはある。少なくとも日本では、そのように捉える風習が定着しているのである。

白無垢《しろむく》も同じような意味合いがある。「白」は先入観をもたない「無垢」を表わす。心を白紙にして心を委《ゆだ》ねる、相手色に染まるということだ。

結婚式のお色直しも同様である。お色直しはかつて、花嫁が実家の家紋をつけた白無垢で婚礼に臨み、式後は、嫁入り先の家紋をつけた衣装に着替えたことに由来するとされている。まさに感情を抑えて、相手色に変わっていくことの象徴であったのだ。

ただし、家紋を庶民がもてるようになった歴史は短い。そもそも庶民が姓を名乗れるようになったのも、一八七〇（明治三）年に「平民苗字許可令」が出されてからだとされている。一八七五（明治八）年には「平民苗字必称義務令」が出され、姓を名乗ることが義務化された。

当然、家紋をもつ庶民は江戸時代には皆無だったといってもよく、家紋をもつのは貴族や武士といった特権階級だけであった。

家紋は吉祥、縁起のいいマークであって、東洋医学の「風門《ふうもん》」と呼ばれる背中やら二の腕に邪気が入らないようにする呪術に使われた。着物を着たときに、人間の霊的な急所の上にちょうど家紋がくるようにデザインして、着物に家紋を染めたのである。

結婚指輪の呪術

結婚指輪をはめる左の薬指は、本来は男系の親戚縁者を表わす。女性が男性の家に嫁ぐという意味になるように思われる。つまり男系の親戚縁者になることをお互いに誓い合う指輪が結婚指輪なのである。

指輪は、結婚を意識していない人たちの間でやり取りをするのは、あまり良くないとされている。やはり、結婚を意識した相手に贈るのがいちばんいい。というのも、一周してもとに戻る指輪の形には、「約束事」という呪術があるからである。重要な組織に所属する人も、カレッジリングも含めて、組織の指輪を左手の薬指にする場合が多い。

日本にはもともとはなかった風習で、明治以降に入ってきたと見られる。西洋の婚約指輪に当たる風習は、日本では結納であった。

日本で指輪のやり取りが風習となったのは、婚約指輪が「給料の三か月分」と喧伝されたことを含めて、貴金属店の宣伝効果によるところが大きい。ただ、指輪に使われるダイヤモンドには、「いまを最高にする」という霊的な意味がある。喜ばしい儀礼に着けるのはいいが、苦しいときや悲しいときに着けてはいけない。というのも、その状態が最高になってしまうからだ。あくまでも婚礼の儀など晴れの舞台に着けるものなのだ。

▼安産祈願の岩田帯と犬神

帯祝いを妊娠五か月の戌《いぬ》の日におこなうのは、犬が多産でお産が軽いということもあるが、「犬の害」を鎮《しず》めるという意味もあると考えられる。犬の害とは、犬神憑きのことだ。狐《きつね》憑きということもある。

この風習の背後には、強い犬神の霊力を味方につけるという意味がある。それは非常に古い時代から伝統的に続けられていた。その儀礼にあやかったのが、岩田帯という腹帯を巻く祝いになった可能性が高い。

祝いと祓《はら》い――なぜ節目で儀式をするのか

▼厄年《やくどし》の考え方

厄年には厄除けをする風習がある。男四二歳、女三三歳の厄年が終わったら、厄落としのお祝いをする。

だが、私が見たところ、これには根拠がほとんどない。厄年に活躍した人はたくさんいる。天中殺《てんちゅうさつ》の類いにも同じことがいえるが、統計的にも意味は見いだせない。しかしながら、男が四二歳、女が三三歳くらいのときというのは、社会的に、あるいは家族において責任感をもたなければならない年齢の平均値であるということはいえるかもしれない。

だから、厄年には悪いことが起きるのだとネガティブに考えるのではなく、厄年のときには責任感をもって慎重に行動する年だと考えるのはどうだろうか。そして、自分の身の振り方をよく考えて、プランを新たに立て直したり、より具体的にするきっかけにするのである。そうすれば、厄年を良い年に変えることができるはずである。

喜寿、米寿、白寿の祝い

「喜」の字の草体「㐂」が七十七と呼ばれることから七七歳の賀の祝いを「喜寿《きじゅ》」、「米」の字を分解すれば「八十八」になることから八八歳の賀の祝いを「米寿《べいじゅ》」、「百」から一を取れば「白」の字となることから九九歳の賀の祝いを「白寿《はくじゅ》」と呼ぶ。誰もが知っている風習だ。

単なる語呂合わせのようなものだが、語呂合わせだからこそ祝ったほうがいい風習でもある。すでに説明したように、地口や語呂合わせはイメージや祈りを強固にするためには非常に重要な呪術であるからだ。

そのイメージを広げやすい年齢の節目に、皆でお祝いすることは、非常に意義のあることなのである。
「還暦《かんれき》」や「古希《こき》」も本当はお祝いをしたほうがいい。高齢になったら、家に親戚が集まる儀礼が増えていくのはいいことなのだ。親戚の高齢者に皆が関心をもち、つながりをもつことは、本人にとってもかけがえのないことであるし、親戚にとっても明るい未来のイメージをもつことにつながる。高齢者に対する祝いの儀礼があれば、末広がりになるイメージが広がるからである。

▼贈答の呪術

贈り物に関しては、慶事には奇数、弔事《ちょうじ》には偶数というのが基本である。すでに説明したように、奇数は「おめでたい」というよりも行き過ぎを抑え、「いま」を忘れないという記念的意味が強く、偶数は「生命力を強める」という意味がある。奇数によってお互いに感情が抑えられ、なだらかになる。逆に弔事で偶数を使うのは、落ち込むことがないように力を強め、お互いの命の大切さを再認識するためである。

日本では「奇数はおめでたい」というように伝わっているが、おめでたいというよりは、盛り上がりやすい慶事なので「感情が暴走しないように抑制しよう」という意味があって奇数を使っているのである。

▼水引の呪術

細い紙縒《こより》（細く切った紙によりをかけて紐状にしたもの）に水糊を引いて乾かし固めたものを「水引《みずひき》」という。進物用の包み紙などを結ぶのに用いる紙糸である。贈答用の和風の包装には、慶弔《けいちょう》いずれも水引を使う。色は慶事においては、金銀、紅白、金一色、赤金。弔事においては、黒白、白一色、黄白、青白、銀白、銀一色などだ。

では、なぜこのような水引が用いられるようになったのか。やはりそこにも霊的な意味がある。水引の語感からわかるように、水を引いてくるイメージと結びつくので、霊的なものをそこに集めるという意味が込められている。要は「水」のイメージと「結ぶ」というイメージを合体させることにより「祈り」を強めて、霊的な力を通りやすくするということなのだ。そもそも紙縒自体、「かみより」の音便「こうより」の転じたものであるから、神の依《よ》り代《しろ》を象徴するものであった。

その背景には、結び目には霊的な力が宿るとされていることがある。結んだりよったりしたものには、神聖な力が宿るのだ。神社のしめ縄がまさにそれで、水引はしめ縄を簡略化したものだと解釈することもできる。

弔事の水引

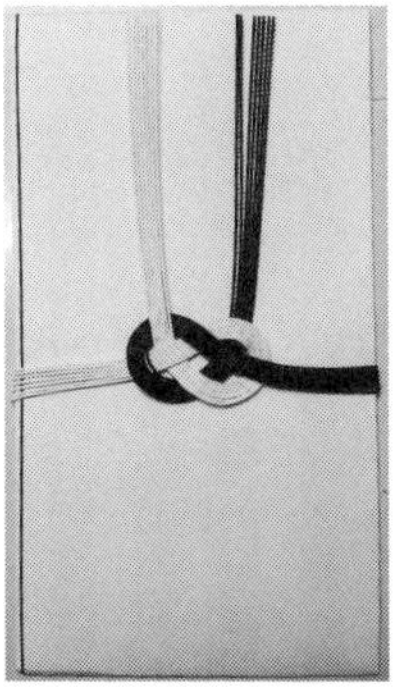

水引に隠されたもう一つの呪術性は、その結び方によって用途を変えたことである。何度あってもめでたい祝い事や日

常の贈り物の場合には、円環を表わす「両輪結び」や、結び直しができる「蝶《ちょう》結び」の形にする。逆に結婚や弔事など「二度はないように」と願う場合は、円環にしない「結び切り」や、結び直しができない「あわび結び」をするわけだ。

結び方一つにも、さまざまな呪術性があるのである。

葬式―死後の世界と儀式の意味

▼塩のもつ霊力

お通夜《つや》ではお清めの塩が配られ、体にかける風習がある。塩を撒くのは、亡霊を祓うときに使われる呪術だ。塩、水、硫黄《いおう》の粉、鉄の粉、刀といったモノには霊を祓う力があるとされてきた。ご遺体に懐刀《ふところがたな》を置く風習もある。鬼に負けないようにと忍ばせるわけだが、そもそも刀自体に邪気払いの力があるとされ、死者に悪い霊が憑かないようにする、悪い霊に誘われないようにとの祈りが込められている。

▼六文銭と易

あの世にいくときに、三途《さんず》の川にかかる橋の渡し賃として六文銭を死者にもたせる風習がある。一文銭を六枚もたせるのだが、これは「六」が、易の「坎《かん》」、すなわち「北」とか「あの世」

を表わす数字だからである。「六」は、見えない世界の奥の院を象徴している。

単なる易か、と思われる向きもあるかもしれない。だが易は、宇宙に普遍的に存在するルールのようなものだ。古代シュメール時代から存在されたと思われる、古いルールでもある。それぞれの方角、数字、形、色には性質や意味があり、それらを八つのチャンネル「八卦」に分ける。その八卦の組み合わせである六十四卦によって自然界・人事界の現象の変化を表わしているのが易なのである。非常に便利な霊的な法則であり、すべての儀礼や風習はこの法則にのっとっているといっても過言ではない。

葬式・告別式のほんとうの意味

葬式は、とにかく告別式をしっかり時間をかけておこなうことである。最近の傾向では、告別式を簡素化しておこなう場合が多くなっているが、本来は死者ときちんと向き合って死者と離別し、残された家族の心を立て直すための時間を十分にとる重要な儀式なのである。

だから、本当は一日で終わるものではない。一週間くらいゆっくりと時間をかけて、親戚がきたり、知り合いがきたりして、故人の昔話をたくさんして、喪失感を癒やしていく作業が必要なのである。

葬式や告別式がもつ重要性はここにある。つまりこれは故人のための儀式というよりも、本当の意味は、残された人たちの心を癒やすための儀式だということである。

亡くなった方は、ほとんどの場合、霊になったらもう何のしがらみもなくなるので、自由になる。現世的なことにも次第に興味を失っていく。肉体が滅びれば、霊的な存在になるスピードが速くなるのだ。

確かに、この世に未練をもち、残る霊もいる。本当は誰かに殺されていたり、葬儀さえおこなわれなかったりしたときなどだが、ある意味例外に近い。ほとんどの場合、彼らがなぜ残るかというと、残された人が後ろ髪を引っ張るからだ。故人の心残りよりも、家族が霊を引き止めてしまうことが非常に多い。

故人の霊と、残された家族の心の状態のすり合わせには時間がかかる場合もあるだろう。そのすり合わせの時間がおよそ四十九日《しじゅうくにち》であると、古人は考えたのではないだろうか。仏教では、死後四十九日間は、前世までの報いが定まって次の生に生まれ変わる期間で、その間死者の魂が迷っているとされる。だが本当は、喪失感から混迷してしまうのは、多くの場合残された人のほうなのである。

だから、四十九日くらいかけて、残された人たちが自分の心に「踏ん切り」をつけ、故人をあの世に送り出すのが葬儀や告別式の奥にある意味なのだ。

2章

年中行事のしきたりの呪力

季節を生きるための大切な歳事——

年中行事の呪術性

私たちは正月から年末までさまざまな行事をおこない一年をすごす。その多くは、いうまでもなく健康や成功、幸せを願い祈る行事である。

年中行事のしきたりに関しては、その起源や宗教的意義について、すでに民俗学的な立場などから書かれたものがたくさんあるが、ここでは、スピリチュアル的な観点からとくに知っておきたい行事である、おせち料理や鏡開き、節分やお盆などを取り上げて、その呪術性や霊的な意味をわかりやすく解説していく。

本当の意味と効果を実感し、味わうことで、より強く幸福を引き寄せていただきたい。

鏡開き――丸餅に込められた意味とは

鏡開きを含め正月の儀式や風習は、すべて年神《としがみ》（歳神）様を迎えるためのものである。門松《かどまつ》は、年神様の目印になるように置いた、年神様を迎えるための門（ゲート）である。年神様とは、いわば「時間神」だ。

年神のお迎えが松の内（一月七日まで）で、それが終わったら、一一日に新しい時代になるという意味を込めて鏡開きをする。西日本などでは、涅槃会《ねはんえ》（陰暦二月一五日）に合わせて鏡餅を割って、これで霰餅《あられもち》をつくって食べる風習もある。これで一年間の無病息災《むびょうそくさい》を祈るわけだ。

餅は本来なら包丁などで切るが、それは切腹を連想させるので、トンカチなどで叩いて割るようになった。

霊的には、モノを割るのは易の「坎《かん》」の象徴である。「坎」は干支では「北」や「子《ね》」に当たり、新しいことの始まりを表わす。円熟したものが再び新しくなるという意味だ。その際、古いものと決別するために、古いものを割ったり、壊したり、切り離したりする。御煎餅《おせんべい》を割って食べる風習にも、似たような呪術があるように思われる。

鏡餅は、ハレの日（冠婚葬祭をおこなう特別な日）に神様に捧げる神聖な食べ物とされた。鏡餅と呼ばれるのは、昔の鏡が円形だったためで、人の魂（心臓）を模して丸餅にしたという。重ね合わせるのは、月（陰）と日（陽）を表わしていて、福徳が重なって縁起がいいと考えられたからともいう。昆布を添えるのは、「子生婦《こんぶ》」と書いて子孫繁栄の願いを込めるからだ。

桃を割る桃太郎の話ではないが、一つの丸いものが二つになることには、重要な意味が隠されている。このイマージュも世界中にある。インドの古い思想には、宇宙には完全なる「宇宙卵」なるものがあって、それが割れて世界ができたという話がある。

古代ギリシャの哲学者・プラトンはその「宇宙卵」をイデアとして説いた。完全なる理念あるいは永遠不変の真実性（イデア）の境地にあった人間の魂が、宇宙から降りてきて二つに割れ、男女になったと考えた。

それに近いイマージュが鏡餅にはある。古くは日本の縄文人や弥生人がつくったとされるピラミッド型の山には、山中に鏡岩が置かれていた。鏡のように磨かれた大小の岩が海のほうを向いて存在していたり、二枚重ねになって配置されたりしている。

鏡餅の鏡には、丸い鏡に似せたという意味もあれば、「かがむ」というイマージュもある。音は「神が噛《か》む」「神がかる」に通じる。すなわち鏡餅は、一つのものが二つになるという呪術性や生産性を表わしている。その生産性のシンボルを米でつくることで、より意味が強まるのである。命の生産性の根源を忘れないようにする行事でもある。初心に戻るというシンボルとしての意味が鏡餅にはある。

鏡餅に関してもう一つの大事な要素は、日本は数え年の風習があるので、正月は全員の誕生日でもあることだ。正月はまさに私たちが生まれてきたことを祝ったり祈ったりするときなのである。その原初的な形が鏡餅にあるのだ。

鏡には古神道的な行法もある。「かがみ（鏡）」を見つめ、そこから真ん中の「が（我）」を取ることによって、「かみ（神）」に近づくという行法だ。我欲があるうちは、神に近づけないことを強烈に示唆している。

一般的ではないが、巫女の継承風習のなかにも、鏡餅が占いに使われることがある。巫女がある年齢に達したときに、次の巫女への継承儀式をする。その際、その継承者が巫女にふさわしければ、鏡餅が夜中に「バーン」と大きな音を立てて割れるのだという。それが起きたら、神が新しい巫女に宿ったと考えられた。

おせち料理

語呂合わせのオンパレードだが…

▼連想によるイメージの効果

おせち料理のそれぞれの食べ物には、いろいろな意味が込められた。もともとは御節、すなわち季節の変わり目である節句（一月一日、三月三日、五月五日、七月七日、九月九日などの式日《しきじつ》）に年神様に供える料理であった。いまでは正月料理に限定した、家族の繁栄を願う縁起物の家庭料理のことを指す。

煮しめ、酢の物、焼き物を祝《いわ》い肴《ざかな》三種と呼ぶ。関東では黒豆、数の子、田作り（ごまめ）、豆、関西では黒豆、数の子、たたきごぼうなどを使う。火を通したり、酢につけたり、煮しめたりして、日持ちを良くする狙いがあった。当然、それは食事処が式日には休みになるところが多かったからだが、そこに地口や語呂合わせを介在させて呪術性をもたせたのである。

やがておせち料理は、重箱に入れられるようになり、一の重には口取り（かまぼこ、きんとん、伊達巻《だてまき》など）、二の重には焼き物（鰤《ぶり》の照り焼き、いかの松風《まつかぜ》焼きなど）、三の重には煮物（蓮根《れんこん》、里芋《さといも》、高野《こうや》豆腐など）、四の重には酢の物（紅白なます、酢蓮根など）を入れる風習も近年になって出てきた。いまでは家庭料理というよりは、デパートなどによる正月商戦の「ドル箱」にすらなっている。

だが、どのような形であれ、食べ物の縁起物には呪術的な意味がある。黒豆の黒は、邪除けの色とされる。「坎《かん》」の色でもある。「坎」は、「鏡餅」でも触れたが、古いものを割って新しくするとか、悪いものを分ける（割って二つにする）という性質がある。水につけて洗うのは、水という霊的な力を取り入れるという意味がある。

卵にも、邪気を祓う力があると考えられた。数の子がその例だ。卵はまさに、形を含めて生命力のシンボルである。

小形の片口鰯《かたくちいわし》の乾製品であるごまめは、「五万米」に通じる。要するに、お米がたくさん収穫できることを祈った縁起物だ。片口鰯など畑の肥料にしていたものをあえて食べた。

ごぼうはよく呪術に使われる。黒は邪を祓い、地中に深く根を張るので、開きごぼうと呼ばれた。多くは「坎」のアイテムである。霊的な力の始まりには、霊的な力を引き寄せる必要があったのだろう。

紅白のかまぼこは初日の出を表わす。伊達巻は、巻物を連想させるので、学問に秀で、教養をもつことの縁起物であった。

栗きんとんは「勝栗《かちぐり》」として重宝がられた。栗の実を殻のまま干して、臼《うす》で搗《か》ち（臼でつくこと）、殻と渋皮を取り除いたのが「かち栗」で、「搗」が「勝」に通ずることから出陣や勝利の祝いや正月料理に用いられるようになった。

鰤は出世魚なので出世を、〝腰〟が曲がっても元気なえびは長寿を、鰻《うなぎ》は泥のなかを通っていくことから「何でも通すこと」をそれぞれ象徴し、蓮根の酢の物は仏教でいう「極楽に生える植物」という縁起ものだ。

すでに解説したように、昆布巻きは「喜ぶ」に通じ、暈椎茸《かさしいたけ》は陣笠に見たてた武家社会の名残で、「壮健」の願いが込められた神様への供え物であった。

里芋のやつがしらは、「長（頭）」になることを祈念し、成長が速い筍《たけのこ》は子供が「すくすく伸びる」様をイメージさせる。金柑《きんかん》は、黄金の財宝を想起させ、豊かさの象徴となる。梅の花の形に切った「梅花人参《ばいかにんじん》」は、吉兆とされた梅を表わしたものだ。

こうしたものをイメージしながら食べることには、非常に呪術的な効果がある。中国ではお金の形をした縁起物を食べるという風習があり、日本にも伝わった。それが餃子や焼売《しゅうまい》である。縁起物を食べるという日本の風習もそれに近い。

▼駄洒落が強い呪力を生む時とは

ただし断っておくが、そういった縁起物の食べ物に、財宝を呼び込んだり幸福を招いたりする呪力が実際に宿っているわけではない。縁起物には、そういうイメージを喚起しやすくする力があるということなのだ。良いイメージを強めるための一種の「呪術的材料」なのである。

それを体に取り入れることによって、しっかりとより良いイメージを思い描きやすくなるということに、縁起物の本当の意味がある。

ここに儀礼や儀式、風習の原点がある。要は、良いイメージをどう強めるかということと、後ろめたさをどうしたら消せるかということ、それに体が汚れていくというイメージと決別するためにどうすればいいかということに尽きるのである。それは呪術の基本でもある。

どうしてそうしたことが重要なのか――。それは私たちのもつイメージの力が未来を決めるからである。「疑心暗鬼《ぎしんあんき》を生《しょう》ず」というが、後ろめたさがあれば、焦りや不満や不安が現象化したような事象が現れる。意に反したことをして体が汚れるイメージが強まれば、実際に体は穢れ、病気になる。逆に幸福で満たされたイメージを固めることができれば、幸運が舞い込む。極論をいえば、すべてはイメージが決めるのだ。私たちの心の状態がそれに似た現象を招くのである。

当然のことだが、ここには問題もある。いくら「プラスのイメージをもて」といわれても、普通の人はそう簡単には、悪いイメージを捨て去ることはできないし、確固たる良いイメージを思い描くこともできないということだ。そこで縁起物が活躍するわけである。

縁起物を口に入れながら、語呂合わせをしたり駄洒落《だじゃれ》をいったりして笑いながら、良いイメージを強めようとする。普段の生活に、良いイメージをもてる習慣をつけるということが、風習がもつ呪術の真の意味なのである。

年中行事にはそうした意味がある。とくに「食べる」という風習には強力な呪力がある。餅を食べる、おせち料理を食べる、魔を祓うとされるよもぎを食べる、七草粥《ななくさがゆ》を食べる——すべてが日本人にとって欠かすことのできない重要な生活向上のための呪術なのである。

獅子舞《ししまい》——なぜ歯を打ち鳴らすのか

獅子舞で獅子が子供の頭に「嚙みつく」という所作をするのは、「神が憑《つ》く」の語呂合わせであるとされる。それはそのとおりなのだろうが、基本的には歯と歯をぶつけて鳴らすという所作に呪術性がある。

拍子木《ひょうしぎ》と同じで、「打つ」「鳴らす」「叩く」「挟む」という所作は、それ自体に空間を浄化するという呪力がある。霊的に悪いものを退けるという力があるとされているのだ。火打ち石を叩けば、魔は退散するのである。拍手にも同様の意味があるし、古神道の修行法には、歯を決まった数だけカチカチ鳴らすというものがある。

初夢——一年の運命を予見できるのか

初夢は年を越してから最初に見た夢のことだ。大晦日《おおみそか》から元旦にかけて、寝ないで初詣にいく人などの場合は、元日の夜から翌二日の朝にかけて見た夢を指す。古くは節分の夜から立春の明け方に見る夢を指した。

初夢はその年の縮図を見る夢とされた。少なくとも、そのように意識して眠ることで、その年を象徴するような夢を見る場合が多くなるのだ。

「一富士二鷹三茄子《いちふじにたかさんなすび》」が縁起の良い夢とされている。富士は「不死」を、鷹は「高い」とか「空高く舞う」といった自由を、茄子は「成す」「成る」から「成功」を連想させるからだ。だが、本当は駿河国《するがのくに》（静岡県）のことわざにすぎず、一説に駿河名物を並べただけという。そうであっても、皆が縁起の良い夢と信じて良いイメージを強く描けるのであれば、それは意味があるといえるのである。

霊的には、夢に出てくる縁起のいいアイテムは、暗くないものだ。淡く明るいモノが縁起のいいアイテムである。これに対して、縁起の悪いアイテムは、激しく明るかったりギラギラしたりしているモノ、それに真っ暗であるモノだ。極端なモノ・極まっているモノは良くないアイテムである。

その意味では、激しく黄金に輝く玉が現れたら、あまりいい夢とはいえない。その人が慢心の極致にあるとか、欲望が極まっているとかを象徴している場合があるからだ。それはダイヤモンドと同じで「いまは最高」という状態を意味し、後は落ちるしかないと解釈できるのである。しかし、淡く美しく輝く光の玉であれば、それは吉兆であったり霊的な能力を授かったりした場合であるのも事実である。

何となく雪明かりのような、淡く明るい夢は良い夢であると思って間違いないだろう。「柔らかい朝日」の夢などはその筆頭だ。船や刀といった三日月形の夢も良い。これは易の「兌《だ》」のアイテムで、お金が入ってくるイメージを表わしている。まさに宝船の形が兌なのである。易でいえば、「乾《けん》」のアイテムも縁起がいい。天空や宇宙、ジェット機、高級車といった夢だ。リーダーシップを発揮したり成功したりする可能性が高くなる。円形や丸いものも乾のアイテムである。他には、宝船に乗った七福神、宝珠形《ほうじゅがた》のしずく状のもの、「震」のアイテムである樹木や珊瑚《さんご》など枝分かれしているモノもいい。

節分 季節の変わり目にある特別な意味

季節の変わり目には魔物が跋扈《ばっこ》するといわれている。私が見ても、そういうことは起こりやすいように感じる。

どうしてそうなるかというと、季節の変わり目には皆のイメージが不安定になるからである。つまり「春でもないし、夏でもない」という、あいまいな季節の状態が、心に投影されるからだ。「秋なのか冬なのか」「夏なのか秋なのか」はっきりしない状態は、私たちの心を不安定に、そして不安にさせる。私たちの心は、それだけ敏感に周囲の環境に反応するものなのである。

とくに冬から春にかけては、精神的に不安定になる人が多い。私の留守番電話に変なメッセージが入っているのも春先が多い。人間が不安定な状態になるその節目に、「間」である「魔」を呼び寄せてしまうのだ。

間は魔につながる。昼と夜の間にある、夜とも夕とも言い難い「夕方の薄暗いとき」を「逢《おう》魔《ま》が時《とき》」と呼ぶのはそのためである。それは心に空白（間）が生じるときに起きるとされる「魔が差す」にも通じる。

年神様の像はよく、二匹の獅子の上に足を乗せている姿で描かれる。二匹の獅子の「間」を悪い霊である「魔」が出てこないように守ってくれるのが年神様なのである。季節の移り変わる節目（節分）ごとに年神様を祭るのは、そうした意味があったのである。

ひな祭り━本質は先祖供養にあった?!

ひな祭りは、紙や藁《わら》でつくった人形《ひとがた》に、災いや凶事を移して川や海に流す、平安時代の「流し雛《びな》」が原型だとされている。だが、現在のひな祭りを見ると、そうした神送り的な要素があったのと同時に、「先祖がちゃんと霊的に進化してくれるように」という先祖供養の側面もあったのではないかと思わずにいられない。

ひな祭りに並んでいるキャラクターたちは、皆ご先祖様なのである。先祖一族郎党を表わす。

ひな壇には、彼らが霊的な階段を昇って高みにいけますようにという願いが込められている。だから、ひな壇に向き合って、ご先祖様が宿られた人形と対話をするのである。また、ご先祖様に呼びかけて、話を聞いてもらう、あるいはご先祖様のご加護をいただくという側面もあった。このように、ご先祖様との接点をもつことが、ひな祭りに隠された本当の意味であると思っている。

三月三日に実施するのは、三を重ねることによって自分の感情を抑えて先祖を立てるからではないだろうか。女の子の祭りになったのも、先祖の霊的な部分が継承されていくのは、女系の場合が多いからではなかろうか。

端午の節句――馬が象徴する霊的意味

五月五日におこなわれる端午《たんご》の節句では、男児のいる家では鯉のぼりを立て、五月人形を飾り、菖蒲湯《しょうぶゆ》に入る。菖蒲やよもぎには邪気払いの力があるとされたからだ。

端午の「端」は「初」を意味するので五月の最初の「午《うま》の日」を端午と呼ぶ。だが、午が五に通じることから、五を重ねた五月五日に実施するようになったという。

では、なぜ「午」なのかというと、馬（午）が昔の男子にとって武具として重要だったからである。同時に「五」は、易でいうと「巽《そん》」に相当することから、「風」とか「自由」を意味する。つまり馬は、風のように自由になるための乗り物であったのだ。

馬はまた、易でいうと「離《り》」を指し、「火」のシンボルでもある。端午の節句を五月五日におこなうのは、「火」と「風」の祭りだからではないだろうか。火は風によって熾《おこ》る。そこに介在するのが「馬」というアイテムなのである。

盆踊り――輪になって踊る理由

盆踊りは、大勢の僧による読経《どきょう》によって地獄の扉が開き、餓鬼《がき》たちが喜んで地獄から出てきた様を表わしているのではないかとの説もある。確かに由来の一つはそうかもしれない。

しかし、基本的に日本の盆踊りは、豊穣《ほうじょう》を祝うとか、雨乞《あまご》いをするとか、人や自分をヒーリングするといった霊的な所作を象徴している。

輪になって踊ることは、西洋東洋を問わず、ヒーリングや幸運を引き寄せる呪術として存在している。神々《こうごう》しい息吹や宇宙からの気を、輪になって踊ることによって、呼び込むのである。

重陽《ちょうよう》の節句――『日本書紀』から読み解けることとは

陰暦九月九日に催される、菊の節句と呼ばれる「菊理姫《くくりひめ》の祭り」のことである。「九九」と

「菊」の語呂合わせであるのは明白だが、同時にこの日は霊的な世界がいちばん響く日でもある。つまり、霊的なモノがこの世に現れやすい日なのである。

『日本書紀』では、冥界《めいかい》から這《ほ》う這《ほ》うの体《てい》で逃れてきたイザナギが、最後にこの世とあの世の境界線にある黄泉平坂《よもつひらさか》でイザナミと対面した際、イザナギとイザナミを仲介するシンボルとして菊理姫が登場する。つまり、あの世的なモノと現世的なモノを括《くく》っているのが、菊に象徴される菊理姫なのである。

また、夏から秋へと変わる季節の変わり目であることも、この祭りの意義を高めている。この季節になると、霊的なモノが現れやすくなるとともに、各人の霊的能力も一年でいちばん強まるからである。霊的な能力が強まれば、霊的なモノを拾うようになり、見えないものが見えるようになる。この日の前後に生まれた人も、霊的なモノに対する関心を強くもつようになる場合が多い。

陽の数のなかで最も大きい「九」が重なる、陽の極みの「重陽」では、自分の能力も最大になる。言い換えると、水の底に沈んでいる潜在意識のパワーが表に出てくるのである。

それは霊的にいうと、いちばん危険なときでもある。潜在意識の底にある欲望や願望が現象化する時期でもあるからだ。それを地球母神とも呼べる菊理姫に清め抑えてもらうというのが、この菊祭りの趣旨なのである。

中秋《ちゅうしゅう》の名月――月に秘められた霊的パワーとは

月を愛《め》でるのは、月というのは神々しいものだという考えからきている。その月から霊的なパワーをいただくということが、月見という行事に隠されている。

中秋の名月に関しては、とくにその力が強くなると信じられてきた。最近ではスーパームーンとかスーパーレッドムーンなどいろいろなバージョンが登場するようになったが、どんな月であれ、さやかに見えるときには、そのパワーは非常に強いと感じる。

人によっては、「女性は月の力をもらってはいけない」などというが、私はそのようには思わない。むしろ月は、人間の「魄《はく》（霊魄）」に力を与える効果があるので、それを有効に使わない手はない。魄とは、霊と肉体の接着剤のようなものなのだ。

月を見ながら食事をすれば、魄の力は間違いなく強まる。魄には霊と肉体を正しく結び、フワフワさせないという力がある。だから魄が強まると、元気になるのだ。

逆に魄が弱くなると、その人の霊の力も弱くなる。すると、他の霊が取り憑きやすくなるという現象が起きる。「心ここにあらず」というような状態になる。そうならないためにも、時々は夜空の月を眺めて、酒宴などを催すのもいいのではないだろうか。

3章

幸せを願い、引き寄せるための――

宗教儀礼のしきたりの呪力

祭りのルーツにある宗教的儀礼

年中行事でおこなわれる季節ごとの祭りや行事の原点には、古くからある宗教的儀礼があった。たとえば七月一三日から一六日にかけて、精霊を迎え慰めるために音頭または歌謡に合わせて踊る「盆踊り」は、仏事からきていると思われているが、実は仏教渡来以前の原始舞踊にその源流があるともされている。

その原始舞踊とされる「輪になって踊る動き」は、宇宙のエネルギーを集める、ある種の宗教的儀礼にほかならない。この章では、そうした宗教的儀礼に隠された呪術性について論じていく。

拍手《かしわで》―なぜ手を叩くのか

拍手を打つのは、邪を祓うという意味もあるが、霊界の門を叩くという呪術的な意味もある。しかも数が重要な意味をもってくる。たとえば、普通の神社は二拍手《はくしゅ》だが、出雲《いずも》大社は四拍手する。

四拍手の神社は日本の神社では珍しい。偶数か奇数かという話とは別に、「四」には抑えたり、物質寄り・人寄りにしたりする物質化力があるとされている。霊を形のあるものに寄り添わせる。神々をより「物寄り」のものに結び付けて、動かなくさせるという意味があるのだ。つまり、その神社の神様や霊を抑えたり鎮《しず》めたりするために、四拍手にしたということが考えられる。出雲の神々を鎮めたいという思いがその背景にあったと見られる。オオクニヌシやスサノオといった出雲系の神々に安らかであってほしいからである。

二拍手には、易経《えききょう》の考え方が見受けられる。二拍手の神社では、参拝者が二拍手を重ねていく。二を重ねることは、易経では「兌為沢《だいたく》」といって「喜びを重ねる」という呪術的な意味合いがあるのだ。それは理由ではなく、私たちが築き上げてきた無意識のしきたりや習慣の力であると見たほうが良い。幸せや喜びを重ねるから、つまり二を重ねるから、にこにこ顔になるのである。「に」には、笑顔を招く力があるのだ。易では二は「兌」といって、喜んで跳ね回る少女を表わす。自分から何か叫びたくなるような、歓喜の心を表わすのが二拍手なのである。

三拍手にも意味があるが、これは164ページで説明する。

「祈り」の所作 寺と神社の違いは何か

仏教では、拍手はせずに、手を合わせて祈る。仏教だけではなく、世界中の祈りの形が手を合わせる所作とかかわっている。仏教は平手《ひらて》を合わせるが、キリスト教では手を組む。違いはあるが、どちらも手のひらを合わせる所作だ。自分に集中して、落ち着いて考えたいときや、自分に集中してイメージを喚起させたいとき、手を合わせたいと思うし、そのように習慣づけられている。手を合わせるのは、自分の内側への集中を表わすボディーランゲージなのである。自分の思いを先祖に届ける所作ともいえる。

逆に心を外に向けるときや、心を解放させるときは、手を組んだり、合わせたりすることがしづらくなる。そういうときは、手のひらを外に解き放つ所作をする。太陽をたくさん浴びたいとか、飛び立ちたいと思うときにする、習慣づけられた所作である。手を放して胸を広げるという所作をする。後述する太陽拝が良い例である。これらは、古今東西の瞑想法やヨガのポーズにも取り入れられている。

お寺やお墓は、先祖や霊にお願いや祈りをするところである。だから手を合わせる。宗派によってさまざまな考え方に分かれた仏教であるが、絶対無比の仏性《ぶっしょう》としての如来《にょらい》や菩薩《ぼさつ》や釈迦《しゃか》牟尼《むに》の心に届くように祈るのだ。自分の願望を先祖に祈る場所でもある。

神社で祈ったり願ったりするのは別に悪いわけではないが、私から見れば、手を叩く神社は、外側に心を解放する場所である。自然と一体化する場所なのだ。神社はお願いや祈りをするというよりは、エネルギーを充電したり宇宙からの啓示を受けたりする場所である。

手のひらを外側に開いて、膝《ひざ》の上に手を置いて瞑想するインドの瞑想法は、宇宙と一体化することにほかならない。

神社では「願いを叶えてください」と祈るのではなくて、神様は自分のことを全部わかっており、神が自分とつながっていることを確認する場所なのである。自分のなかの神性の確認が神社の所作にある。無限の力が自分のなかにあることを確認するのである。

しかしその神社でも、祈りたいと願う人が多くなったので、「祈る」から転じた「お稲荷《いなり》さん」が併設されるようになった。稲荷神社は、まさに願望を祈る神社なのである。お稲荷様は手を合わせる文化と密接に結びついている。だから稲荷神社が寺と融合するようになったのだ。もともと荼枳尼天《だきにてん》がお稲荷様と融合している。豊川稲荷《とよかわ》(愛知県)などはまさしく荼枳尼天を祀った神社である。

太陽拝――日光の霊的パワーを取り入れる作法

太陽拝は、基本的には日の出を拝むことである。朝の太陽を浴びることは、霊的にも非常に良い。とくに浄めと祓《はら》いに効果がある。朝の太陽を拝めば、穢《けが》れが消えていく。それと同時に、良い感情や希望が生まれやすくなる。将来に明るい展望をもつことができるようになる。未来が広がる現象が起きる。

いちばん良い方法は、とにかく額に朝日を当てることだ。次に手のひらの中心である「労宮《ろうきゅう》」に陽《ひ》の光を当てるのもいい。他には喉《のど》、それから口のなかや口の奥に光を当てるのもいい。

アマテラスオオミカミを信仰する黒住教《くろずみきょう》では「太陽を食べる（飲み込む）」という行法がある。朝日に向かって、口を開いて陽の光を食べる所作をおこなう。この所作をすると、力がみなぎってくることがわかる。

また太陽には、霊的な力を強める側面と、死そのものの側面の両面がある。なぜ死と結びつくかというと、たとえば砂漠地帯では、灼熱の太陽によって、人は干からびて死に至る。太陽の紫外線は人の皮膚細胞を破壊する。直接見つめれば、目を痛《いた》める。つまり、太陽には人間の肉体を老化させたり、死に向かわせたりする力があるのである。

だが、午前中の陽光には、当たらないと作動しないホルモンがあることがわかっている。紫外線は確かに害があるかもしれないが、肉体的にも必要なものを提供してくれる。霊的な観点からも、一〇～一五分でいいから、額や手のひらなど前述のツボやチャクラに朝の太陽の光を吸収させるべきである。

光が和らいだ夕陽を利用する手もある。柔らかな陽光を見つめると、脳の松果体《しょうかたい》が心地よく刺激される。すると、透視能力が活性化するといわれている。極端な例では、インドでは真昼の太陽を直視するなどという荒行《あらぎょう》もあると聞く。そして目を痛めてが見えなくなったときに、透視能力が生まれるという「笑えない話」もある。そのような荒行は決しておこなってはならないが、昇りつつあるマイルドな朝日や沈みゆく夕陽を（目を痛めない程度に）ごく短時間見て、イメージを頭に焼きつけるのは、霊的能力を開発するためにはお勧めである。

体の左右中央の正中上《せいちゅう》のチャクラ（頭頂、眉間、喉、胸、みぞおち、下腹部など）に太陽が当たれば、間違いなく霊的なエネルギーは活性化する。足の裏の「湧泉《ゆうせん》」や心臓の辺りに陽光を当てるのもいい。水着を着て、日光浴をすることは、過度になりさえしなければ悪いことではないのである。

禊《みそぎ》と祓《はら》い――一見よく似た行為の違いとは

▼なぜ禊は自分でおこなうべきなのか

禊と祓いはセットで語られることが多い。では、その違いは何であろうか。

実は、祓いとは「余分についたものを落とす」ことだ。当然、そこに積もっているものは、目に見えない霊的な塵《ちり》とか垢《あか》のようなものだ。それらがなぜ引き寄せられるかというと、それは自分の身の内、心に余分なものを引き寄せる、余分な原因があるからである。イライラだとか、妬《ねた》みや恨みといった悪感情だとか、ストレスのような心の状態が余分な原因をつくり出して、余分なものを引き寄せているのだ。その余分に引き寄せられた霊的要素を取り除くのが祓いである。

これに対して、禊はもっと根源的である。自分の内側にある余分なものをそぎ取るのが禊である。余分なものを引き寄せる余分な原因を取り除くことになる。だから禊の本当の意味は、自分を清明《せいめい》な気持ちにすることなのである。自分の心のなかにいいイメージをたくさん入れて、心をきれいにするのだ。心のなかのイメージをクリーニングするともいえる。悪いイメージを心のなかにたくさんもつから、余分な霊的な垢や塵が積もっていくのである。

祓いは、自分の外側についた霊的な魄《はく》を払うという意味である。悪い気をもったモノをそばに置かないようにするとか、欲ばりすぎて得た余分なものを人にあげるとか、悪い方法で得たお金を手放すといったことによって、祓うことができる。

一方、禊は、自分の内側にもつ悪いイメージを捨て去り、徹底的にイメージを浄化することなのだ。社会に対する見方や他人に対する見方、自分自身の自己像に対する見方など、そのイメージすべてをきれいにすることである。放っておくと、イメージはすぐに曇り、濁るものなのだ。それを意識してきれいにしようとするのが禊の本当の意味である。それは先入観のかたよりをゆるめるということともかかわる。

余分なものが自分にあつまってくるということは、余分なものが自分のなかにあるということなのだ。禊をきちっとやれば、祓う必要はなくなる。

宗教はそれを複雑にしてしまっているように感じる。だから、禊の本当の意味がよく伝わっていないように思えてならない。禊は誰かにやってもらうものではなく、自分で自分の心を掃除しなければ成し遂げられないからだ。

確かに祓えば、一時的に霊的な垢や塵は取り除けるかもしれない。だが、禊をしなければ、再び霊的な垢や塵がついてしまう。その繰り返しがあるだけだ。ならば、本当にやらなければならないのは、自らの力で禊をすることではないだろうか。

禊の方法は、滝行《たきぎょう》だけというわけではない。自分のイメージを清明にすることが重要であって、苦行や滝行がメインではないのだ。イメージをきれいにする覚悟の問題だ。滝行は素人がおこなうと危険な場合もあり、怪我や病気をしては元も子もない。重要なのは、あくまでも日々、清明な考えをもち、清明な行動をすることなのである。

「ひ」と「み」の霊的性質の違いを知る

禊には、体がきれいになるという以上の効用がある。それには「ひ」と「み」の言霊的関係を説明する必要がある。

「ひ」と「み」は、非常に霊的な意味がある言葉である。

「ひ」は、お日様の「日」もあるが、「霊」「靈」と書いて「ひ」と読ませてきた。つまり「ひ」は中心から外側に広がる外放的霊性を表わすのである。では「霊」とは何かというと、ゼロからこの世に何かをもたらそうとして、四方八方を照らすような力、原初の生命力のことを指す。身近な「日」や「火」に代表される強引な気の力、見えない力でもある。

これに対して「み」は「身」であり、「水」である。この世界で物質化したものであり、この物質世界で循環する成分のことである。元素や原子といった物質を表わす。

両者共に力であり、場であり、形でもある。

禊というのは、人間の血液の静脈のように、汚れたものが人間に付加されたときに、これを根本的にきれいにする所作のことである。

汚れたものが人間に付加されるというのは、人間という物質に、目に見えない汚れたイメージの念がまとわりつくということである。当然、ほとんどの場合、その汚れたイメージは自分がつくり出している余分な想念にほかならない。その念という変えにくいイメージをきれいにする方法の一つに、水を使った祓いや禊がある。

別の言い方をすれば、水という物質に、その付加された汚れたモノを転写させて、あるいは水によってそぎ落として、まさに水に流すのが禊だ。水は物質のなかでも「あの世寄り」の物質であるから、それが可能になると信じられてきた。歴史的に積み上げられてきた「水」の清明なイメージを活用するのだ。水で祓うには、そうした意味がある。人の念などの「あの世寄り」のモノをきれいにするには、物質のなかでも「あの世寄り」のモノが適しているのである。

流れている地下水脈があれば、その地は洗われてきれいになる。それと同じである。水が流れていれば、そこはパワースポットになる。だが、地下水脈の上流と下流が切断されると、切断された部分は流れがなくなり、水が腐るようになる。そうなると、そこはダークスポット、穢《けが》れの場所になる。すると、地熱が上がってカビが生えて、土が黒くなって蟻《あり》が繁殖する。それによって木は折れ曲がって、雑菌がはびこり、そこに住んだ人が栄えなくなる。これが穢れ地の有り様である。気が枯れるので、気枯地《けがれ》となるわけである。

では、池や貯水池の近くは、穢れ地なのかというとそうでもない。富士五湖を見ても、地底でつながって水が動いている湖や池なら問題はまったくないのだ。美しい湖はやはり霊的にも清らかである。逆にいうと、滞《とどこお》っている池はなるべくひんぱんに水を動かしてやるのが良いということだ。完全に堰《せ》き止められ、湖が沼や淵になると、気が枯れやすくなる。

そうした場所で、幽霊の話が出るようになるのには、気が枯れているという理由がある。怪談の舞台となる「鐘ケ淵《かねがふち》」や「置いてけ堀（沼）」がまさにそれだ。すなわち、汚れた念が清められずに付着して、そこに棲みつくようになるのである。

本来「風水」というのは、「水」と「風」のイメージで何がどのように清められるのかという体験学の体系であった。

「ひ（靈、火、日）」という霊的な力があり、「み（実、水、身、見）」という物質的な力がある。その間に「気」（精、念、イメージ）があると考えることもできる。「ひ」「み」「き」は霊的なグラデーションを表わしているのだ。

鬼道《きどう》（気道）という霊的技術を使ったという「日巫女」である「卑弥呼（ヒ・ミ・コ）」の名が「ひ」「み」「き」に近いのも偶然ではないように思える。

禊の世界には、奥行きがある。

実は日本人の根底にあるのは、「唯物的心霊論」なのである。霊を意外と物寄りに捉えている。塩をかけて邪気を払う、霊を消し去るという所作も、霊をモノと結びつけて考えているからだ。

実は「塩」も「あの世寄り」の物質であることがわかる。海の水を乾燥させたら、塩が残る。古代の日本人は、それを「水の子」であると考えたのであろう。

墓参りの際、柄杓《ひしゃく》で水をかけるのも、物質を洗い清め、霊的なものを浄化するためだ。同時に自分の愛情を墓石に宿らせるためにおこなう所作でもある。何かを流したり、何かを宿らせたりと、水は両方できる力があるのである。

情報やお金のように私たちの世界で流転する、しかも大事なものとされているモノのイメージも水に付加されている。水はあの世とこの世をつなげる大事な材料なのである。それは人の本音と理想をつなげる浄化剤でもあるのだ。

氏神《うじがみ》と鎮守《ちんじゅ》の神──そもそも何が違うのか

もともと氏神は、その地域の豪族の祖先を祀った守護神のことだ。平安時代以降、一般庶民にも広がり、その地域を守る神様となった。子供のお宮参りは、本来はこの氏神にお参りして、その土地の一員になることを認めてもらう儀式であった。

古い時代においては、その土地で暮らす人たちは動きがほとんどなかった。同じ一族が代々、同じ土地を継承していた。彼らはその土地を天皇から任せられ、豪族として支配した。彼らの先祖は氏神として祀られた。

だが、それは昔の話で、いま私たちはあちらこちらへ移動するようになった。もちろん、いまでも祖先が氏神として祀られている場所もあるだろうが、時代と共に氏神はその土地全体を守る鎮守《ちんじゅ》の神へと性質は変化している。

鎮守の神は、そこに住む生物由来の神様である。その土地と空間に由来する生物で、その土地が鎮まることを守る神である。その生物は植物であることが多い。いわゆるご神木である。

土地を鎮めるうえで危険なのは、実はカビとバクテリアである。これを敵に回すと、人間は生きていけない。あっという間にやられてしまう。近年は自然食ブームになって、かえってカビとバクテリアが多くなった感がある。

まず悪い霊があって、その悪い霊に、悪いカビとバクテリアが引き寄せられてくる。邪悪なものがいる場所には、人間に害のあるカビやバクテリアが集まるのだ。黒カビが生えるし、とにかく嫌な臭いがするようになる。

地鎮祭《じちんさい》——いったい何を鎮めるのか

現代では、神社は多くの人に、御蔭《おかげ》（ご利益）をもらうところと思われているふしがある。

だが本来は、神社や寺の存在理由は、「祟《たた》り鎮《しず》め」が主であった。

その祟りには二つあった。一つは、自然界の台風や地震、津波、大雨、火事といった災害のことだ。そうした災害を封じるために、寺社があった。もう一つは、怨念、人の祟りである。天神様《てんじんさま》と呼ばれる菅原道真《すがわらのみちざね》がこのケースで、祟る人を鎮めるために寺社がつくられたり墓がつくられたりしたのだ。

その土地の神（氏神、鎮守の神）を祀って、工事の無事を祈願する地鎮祭も、祟り鎮めの考え方に根差している。というのも、どんな土地も最初から自分のものということはないからだ。長い歴史を見れば、誰かが必ずその場所で亡くなっているし、誰かが愛着をもって住んでいた場所であったはずだ。その土地を新しく引き継ぐ人は、きれいにその土地をリセットして、その土地を自分にとって利のあるものに変えるということが、地鎮祭の意味である。さまざまな念がへばりついた土地を鎮めるのが目的である。

しかし、そこには霊的なだけでなく実用的な面もある。

そもそも鎮まっていない土地に引っ越すと、三年以内に家のなかで病人が出ることが非常に多い。誰かが亡くなることもある。これは霊的な場合もあるが、むしろその土地に生息する雑菌やある種の植物が体質に合わなかったり、その土地特有の水や食べ物、臭いが肌に合わなかったりして調子が悪くなり、健康を害する場合があるからである。

そうでなくても、異なる土地の環境に心身共に適応するには時間がかかるのである。新しい土地に引っ越したら、当然、その土地に慣れるのに三年はかかると思ったほうが賢明だ。その三年間は、無理な日程を立てるのは避けたほうがいいし、体の弱い人をその場所にずっと置いておかないほうがいい。

その適応をスムーズに、つつがなく進めてくれるのが、地鎮祭である。地鎮祭は体に害のある雑菌などを追い払う儀式でもある。地面に殺菌力の強い竹を立てて、塩を撒く。西洋では硫《い》黄《おう》を撒くこともある。

松の杭を打ち込む場合もある。松にも殺菌力があるとされている。五寸釘を地面に何本も打ち込むのも有効だ。鉄やステンレスも殺菌力が高いからだ。お神酒《みき》を注ぐのも効果満点だ。

本来は、炭や石灰を埋めて、大地を電池化（イオン化）する方法もある。そうすると、地熱が上がる。それによって、雑菌が死ぬのである。そこまでおこなえば、住むのに楽な土地になる。ミクロの目で見れば、誰もいない新しい土地に移ったとしても、ミクロの先住民はたくさんいるわけだ。それこそ何億といるかもしれない。そこにいかにも微生物が好みそうな体質の人間がやってきたら、格好の餌食《えじき》となるのである。

穢れ地に家を建てる場合は、工事の関係者の具合が悪くなる場合もある。穢れ地の怨念は、生きることと反対の現象を促すあらゆるモノを引き寄せる。雑菌やカビなど有害な微生物があつまり悪臭が漂ってくる。そういう場所は、怨念というい わば負の霊的なモノがあるから、そこに同様に負の要素をもつ有毒なモノが引き寄せられてくることによって、体に良くない現象が起きるのである。

そうならないためにも、塩、硫黄の粉、石灰と炭、そしてお神酒などを適度に撒いて、祓えるだけ祓うことである。

また、地鎮祭と似た風習としては、相撲の四股《しこ》が挙げられる。四股は地抑え、つまり地鎮の意味がある。杭を打つのと同じである。相撲取りにしめ縄をつけさせることも、神を宿らせることを意味する。その神を宿らせた相撲取りが四股を踏めば、それは邪気を地の底に封じ込めることを意味しているのだ。

干支《えと》・方位・時間――シンクロニシティから運命を読む

▼干支がイメージするその年の意味

長い歴史のなかで、暦はずいぶんと変遷《へんせん》を繰り返してきた。そして今日も使われ続けている暦のなかに、干支《えと》がある。

干支は、年の気質を考えた暦である。各年がもつ見えないエネルギーの性質をどう考えるかという発想で生み出された。十二の性質がぐるぐる回るだけの非常に単純な暦であり、わかりやすい。その単純な数理的なシンボルに対して、シンクロニシティが現れる。

たとえば、子年《ねずみ》には何か新しいことが一から始まることが多い。ねずみが干支のいちばん初

干支と時刻・方位

(時刻)

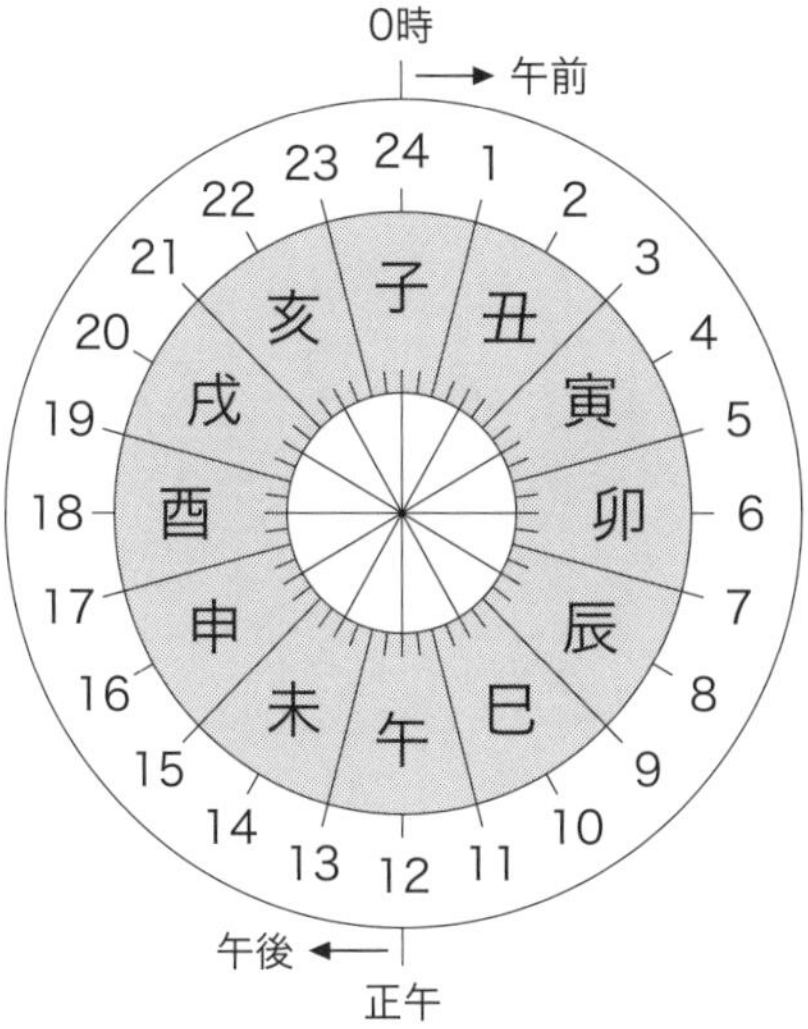

(方位)

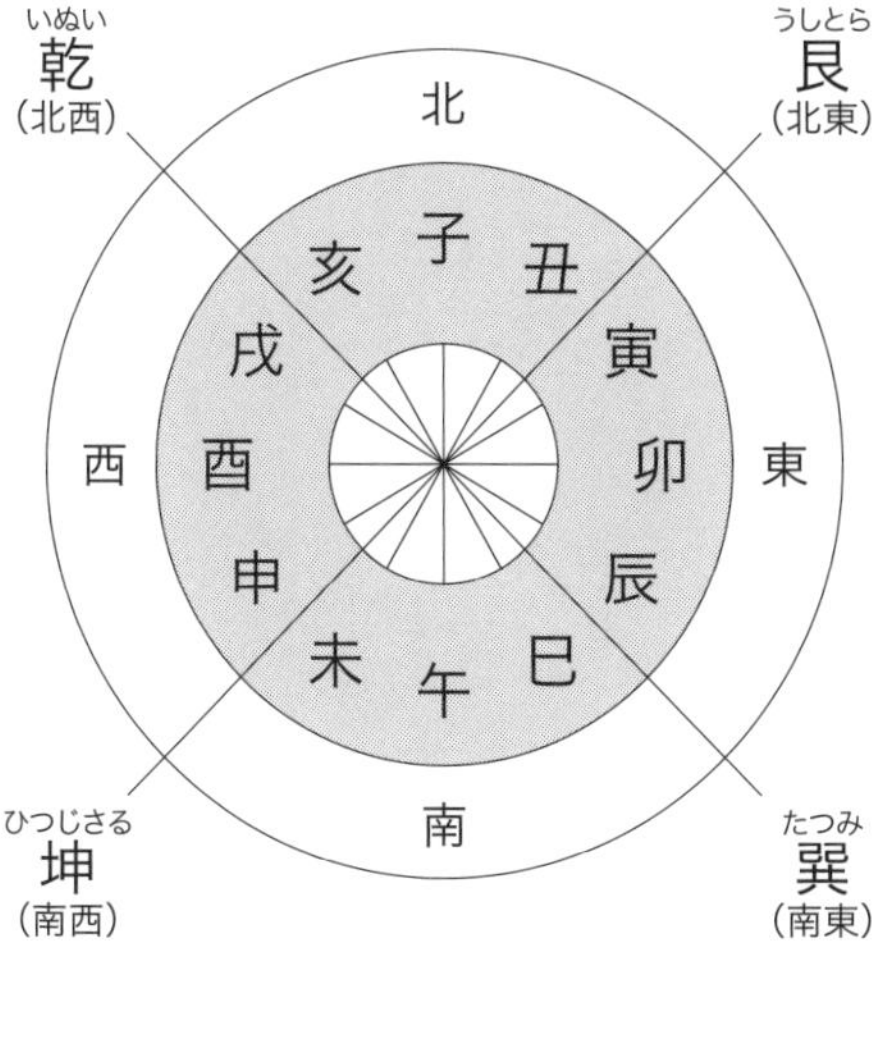

めに位置する動物だからだ。皆がそう思ったり信じたり感じたりすることによって、そのような性質のことが起こりやすくなる。逆にいうと、干支は、皆がその年をどのように意識したらいいかを示す重要な指標でもあるのだ。行動目標といってもいい。子年には何か新しいことが起きると思って、行動したほうがよいのである。

丑《うし》年は、それを強固なものにしようという方向に働く。それはどっしりと大きな牛の体で象徴されている。寅《とら》年は虎のように勢いをつける方向に動く。卯《うさぎ》年は脱兎《だつと》のごとく迅速《じんそく》にそれを広めてゆき、辰《たつ》年には龍のように雄大で自由になろうとする。巳《へび》年は脱皮に象徴されるようにもっと自由になろうとすることを示している。午《うま》年の馬はまさに天馬、天に駆け上がろうという方向を指し示している。この「子」から「午」に至る約六年間で、拡大路線は一応完結する。

次に「午」から「子」に至る約六年間は元に戻していこうとする方向に働く。未《ひつじ》年と申《さる》年は土に戻ることを意味する。酉《とり》年の鶏は、飛べない鳥、大地を這《は》う鳥の象徴である。つまり、もう飛ばないで、大地に根を下ろすことを象徴している。これも元に戻す方向に動く。

戌年、亥年の犬と猪は、天の力、宇宙の力を表わす。イメージ的には天が大地を鎮めるような感じであろうか。天の法則に帰ることを象徴している。

それと似たような発想で、その年の霊的な性質を表わす八卦《はっけ》というシンボルもある。これは霊的に読み取る暦で、干支とは必ずしも一致しない。ちなみに、二〇二〇年に相当する八卦のシンボルは何かということを、前年に研究者やマスデータから占断した結果、風の性質をもつ「巽《そん》」の年と出た。風のように四方に散らばり隅々に入り込むことを象徴する巽の年に、風邪（新型コロナウイルス）が流行ったのも、八卦の霊的性質が背景にあると考えることもできる。

これは霊感でしかつかめない、目に見えない暦だ。

▼丑寅の方角の「鬼門」は迷信なのか

鬼が出入りするとされ、万事に忌み嫌う東北の方角である鬼門《きもん》は、もともと中国の経典に書かれているという根拠しかなかった。そのため、「皆がそう思うようになり習慣化しただけだから、鬼門など迷信だ」と信じない人も多い。

しかしながら、霊的に見ると、家の鬼門とその反対の南西の方角にある裏鬼門には、明らかに意味がある。感じるのは、地球の地磁気によっていろいろなものが入ってくるという感覚だ。霊的なものが、鬼門から裏鬼門へと抜けていくといったらよいだろうか。

だから、家の鬼門の位置に腐りやすいものがあったり、カビの発生源があったり、腐った井戸があったり、トイレがあったりしてはいけないのだ。鬼門にそういったものがあると、家じゅうにそれらの霊的情報が広がる。

同時にもし裏鬼門に何か大きなブロックがあったり不要なものが積み上げられたりしていたら、不要なものがどんどん積み上げられていく感覚になる。霊的な流れが堰《せ》き止められて、不要物で澱《よど》むような感じだ。邪気など霊的に良くないモノもとどまり、それに呼応して有害な菌やバクテリアがとどまるようになる。

鬼門は、死者の国にいけないモノ（鬼）がそこから戻ってくるといわれているが、悪い霊的なモノも鬼門から入りやすいといわれている。昔の人たちは、その鬼門に幽霊の絵を置いて、霊を追い返したなどという話まである。

俗に龍穴《りゅうけつ》といって、北東や北に山があり、南東や南に海がある地形がいちばん良いとされている。東京、千葉、大阪、博多がその例だ。南西は開けているほうがいい。流れを堰き止める納屋や倉庫を置いてはいけない。

もちろん地磁気が変化すれば、鬼門や裏鬼門が単なる迷信になる可能性はある。だが、その場合でも、どこかの方角に鬼門と裏鬼門は再びできるはずだ。

六曜と暦——占いの呪術に隠された本質的意味

▼大安・仏滅・友引…の吉凶は当たるのか

暦を使った占いも宗教的儀礼の一つだ。多くの人は、占いは迷信だという。それでも、冠婚葬祭や不動産などの大きな取引の際には、大勢が六曜という「吉凶占い」を基準にして日時を決める。

六曜とその判断

先勝	せんかち（せんしょう）	急ぐことは良い	午前吉、午後凶
友引	ともびき	祝い事は良い、葬式は忌む	朝夕吉、正午凶
先負	せんまけ（せんぶ）	控え目に平静が良い	午前凶、午後吉
仏滅	ぶつめつ	すべて悪い、葬式、法事は良い	終日凶
大安	たいあん	すべて良い、特に婚礼に良い	終日吉
赤口	しゃっこう	祝い事に悪い	朝夕凶、正午吉

六曜を含めて、そもそも暦は呪術的に使われてきた。その歴史は古い。

何を暦の基準にするかは、まさにその国の呪術性の有り様と深くかかわっている。キリスト文化圏は当然、西暦を中心としている。イエス・キリストを中心に据えているわけだ。つまり、どのような暦を使うか決めることによって、その国の宗教や代表的な呪術が定着するとみていい。

そのなかでも、宗教闘争のような権力争いがあった。たとえば、中国では権力者が替わるたびに暦が変わったりした。日本でも天皇が替わるたびに元号が替わるが、暦を変えるという中国の風習の影響を受けているともいえるのかもしれない。

六曜も中国から入ってきたが、日本に伝わったのは室町時代で、いまの六曜に定着したのは江戸時代の天保年間《てんぽう》（一八三〇〜一八四四）であった。江戸の占いブームにのって広まったとされている。

現在も冠婚葬祭などの際に利用されているが、外来の占いにすぎず、科学的根拠もなく迷信にすぎないと意に介しない向きもある。しかし、暦に関しては、いま残っているものが意味を成すのである。

つまり、こういうことだ。占いをするときに、旧暦に遡《さかのぼ》って旧暦に沿って占わないといけないなどといわれる。だが、よく当たるといわれている占いの教本のなかには、その時代時代の暦で占うように書いてある。あえて、昔の暦に合わせて占う必要はない。暦は時代と共に変わって当然なのである。いまある暦で占うべきなのだ。

霊的に重要なのは、まず年月日をどう捉えるか、だ。「年」「月」「日」に、「六曜」や「時間」といった何か一つの要素を加えて、計四つの要素で占うことが基本である。四つの要素、つまり四つの柱で占うことを昔から四柱推命《しちゅうすいめい》と呼んだ。真言宗の開祖・空海が残したとされる「四目録」という占いもその一つだ。「占いにきた時間」を四つ目の要素として加えている。

その際にも、年の暦は重要で、何を参考にするかが重要になってくる。そこで干支が使われた。月の満ち欠けを使う場合もある。六曜も同様である。

六曜は江戸時代に定着したというだけで、根拠がないと主張するのは間違いである。大事なのは、なぜ私たちはいまでも好んでその暦や暦注を使っているか、無意識のうちになぜ私たちがその暦や暦注を気にするのか、ということだ。それを気にして選んでいるのは、いまでもそこにある呪術性に私たちが気づいているからではないだろうか。そこには必ず意味があるはずである。

それは、皆がなぜ、いまこれを信じるのか、という問題でもある。たとえば、他にも「この日は何をしなければならない」など新興宗教のような教えがたくさんあるのに、根拠のよくわからない暦や暦注を気にして使用するのはなぜか。ある一日を表わすのに、一から三六五までの単純な数字で示してもよかったのに、十二の月に分けたり、二十四節気に分けたり、干支のように六〇年で一回りする紀年法を考えたりしたのはなぜなのか。

負のイメージを取り去ることに意味がある

数多くある考え方のなかで、そのような暦や暦注が生き残ったのは、何かそこに呪術性があったからだと私は考える。そう決めたのには、深い意味があったのだ。その日が、午前が凶で午後が吉の「先負」ならば、午前中はなるべく積極的に動かずに仕事をするとか、奇異な行動を取らないようにすべきである。「先勝」の日には、午前中に充実した仕事をして、午後はゆったりすればいいのだ。

そのリズムを保つことによって、少なくとも意識することによって、根《こん》を詰めずに仕事をこなしていくことができることを、古人は感づいていたのかもしれない。実際、「友引」は文字の連想から「友を引く」という意味に捉えられるようになり、葬儀などの弔事《ちょうじ》が避けられるようになった。「友引」がなければ、葬儀業者は年中無休で働かなければならなくなり、生活のリズムが保てなくなるという理由がどこかにあったのかもしれない。

いずれにせよ、六曜がこれだけ親しまれているのは、六曜の存在意義があるからである。

その一つの仮説は、皆が六曜に意味を見いだすことによって、その意味が引き寄せられるのだと考えることもできる。この仮説は、一般的な常識から見れば科学的根拠など確かにない。だが、スピリチュアル的な観点から見れば、ありうるのだ。それを理解するには、意味によって響き合う、時空を超えた粒子のようなものを想定するといいかもしれない。つまり、ある意志や意味をもって占いをすれば、一見偶然のように思える占いも、明確かつ的確な意味をもつような現象が起こるのである。同様に、皆がその日にある意味のある現象が起こると信じれば、その意味の現象を引き寄せるのだ。

だから、とくに不安なときには六曜に沿って動いてみるといい。心に不安があると、その心の状態が現象化するようなことが得《え》てして起こるからだ。

不安のあるときというのは、そもそも自分の魂の力が落ちたり、萎《な》えたりしているときである。そういうときは、あえて六曜に従って、後ろめたさを残さないようにするのが賢明だ。

後ろめたさをどれだけきれいにするかは、しきたりの重要なテーマでもある。

私たちは、イメージが汚れやすい存在なのだ。自己像、環境像、社会像の三つのイメージは、私たちが犯す失敗によって、すぐに汚れたり、崩れたり、欠けたりしてしまう。ちょっとしたことで穢れてしまう。

すでに説明したように、「穢れる」とは、気が枯れることである。そうすると、面白くなくなり、良い感情を保つことも難しくなる。それを何か学びに変えたり、喜びに変えたり、美しさに変えたりするために、たとえば語呂合わせをしていくのである。そこにいい数字を当てはめたり、何かいいイメージと物事とのつながりを考えて工夫をしたりする。それが本当の意味のしきたりであり風習なのである。しきたりという歴史的芸術が目指すところはそこにある。

人は、しきたりがあるから安心するという面もある。しきたりがないと不安になるのだ。しきたりによって、人間は不安や後ろめたさをできる限り少なくすることができるので、楽になり安堵《あんど》する。結果的に後悔を減じることができるし、諦《あきら》めもつく。しきたりや風習は、こうして出来上がるのである。

ポジティブシンキングも大事だが、やはりネガティブな自己イメージのクリーニングである「ネガティブ・マネジメント」はもっと重要なのである。日本という小さな島国が栄え続けてきた理由はここにある。

毛髪 なぜ呪術に使われるのか

その人の内側(内面)から外へ出ているモノは、多分に霊的で、その人の念や思いがこもっている。その最たる例が髪である。逆にいうと、その毛髪を奪って、その人に影響を与える呪術を使うことも可能となる。

髪を長く伸ばしておいて、何かのときにそれを神に捧げることによって願いを叶えさせる「髪供養」をはじめ、髪を埋めて念を通したりする呪術もある。

髪は自分の霊的な側面が出る物質なのである。そのため、好きな人の髪の毛をもってきて念じると、その人とつながりやすくもなる。その逆もまた可能で、呪いたい人の髪の毛を藁《わら》人形に忍ばせて呪う「呪いの藁人形」も、ただの迷信ではないわけだ。

ただし本当に呪い殺してしまうと、自分自身にも呪いが返ってくる。「返しの風」とも呼ばれ、「人を呪わば穴二つ」とはそういう意味だ。

髪はまた、その人の過去を表わす。「後ろ髪を引かれる」という表現も、髪が過去と密接に関係しているからだ。髪はその人の履歴であり、今風にいえばその人の過去が記憶されたバーコードでもある。失恋した女性が髪を切るのは、理にかなっている。過去を断ち切るからだ。それだけ、髪には過去の思いがこもるものなのだ。

「髪」は「神」にも通ずるという。髪が過去なら、爪は「いま」と関係している。爪は「詰める」で結果を出すことを表わすからだ。営業先の応接室のソファに自分の爪をこっそり置いてくるのは、契約を成立させるなど営業の結果を出すための呪術である。それで大成功した人を何人も知っている。爪によって、契約も逃げ道がないように「詰める」からである。

爪や髪の毛が呪術に使われるのは、そのためである。

また、子供の髪の毛は、額《ひたい》が出るほど切ってはいけない。額を出すと、自分（我）が出るからだ。額を髪で隠すと、自分が出ないとされている。子供のうちはいたずらをするので、額を隠すことによって、いたずらをさせないようにする。自我を暴走させないようにするわけだ。

大人は逆に、自分を出して活躍しなければならないので、オールバックなどにして額を出す。額髪《ぬかがみ》を広く剃り上げるチョンマゲが江戸時代に流行ったのも、自分を出すための呪術であったと思われる。

饅頭《まんじゆう》 何のために供えるのか

小豆などの実や種を使った呪術

饅頭を供えるのは、赤いものに邪気を祓う力があるからだという。命を懸けた神への捧げものの多くが「血」と関係があるため、「朱色」や「赤い色」が神々の霊力を引き出すと考えられたのだともいう。確かに小豆は赤みがかっており、古くから朱色信仰と結びついて、災いを避ける霊力のある食べ物として重宝されていた。

その小豆の餡《あん》の入った餅を、春は赤い牡丹《ぼたん》の花にたとえて「牡丹餅《ぼたもち》」、秋は赤い萩になぞらえて「おはぎ」と呼んだ。処刑が決まっていた日蓮上人《にちれんしょうにん》は、胡麻《ごま》の牡丹餅によって首をつなぐことができたとの伝承もある。

もちろん、そこにあるのは色だけの問題ではない。種や実、とくに小豆は、生命力の根源として昔から霊的な力が備わっていると考えられ、お祓いの道具に使われてきたのだ。節分の豆撒きに見られるように、種を蒔《ま》くという行為自体にも、お祓いの意味が込められている。豆は「魔を滅する」に通じるともいう。

種や実を呪術に使う風習がいつごろからあったかというと、イザナギとイザナミの神話にも出てくることから、神話が伝わっていた時代にはすでに存在していたことがわかる。八世紀初頭に成立した『古事記』には次のように書かれている。

イザナミがカグツチの神を生んだ際に火傷を負って亡くなると、悲嘆に暮れたイザナギはイザナミの後を追って、黄泉《よみ》の国を訪れた。すでに黄泉の国の食べ物を食べてしまったイザナミは「元の国に戻れるかどうか黄泉の国の神と相談してみます。ただし、その間、私の姿を見てはいけません」とイザナギに告げ、御殿に入っていった。

しかし、なかなか戻らないイザナミのことを心配したイザナギは、櫛《くし》の歯を一本折ってそれに火を灯《とも》し、御殿へとイザナミを追った。するとそこには、膿《うみ》を流しウジがたかった醜《みにく》いイザナミの姿があった。驚いたイザナギは逃げ出したが、自分の姿を見られたイザナミは「よくも恥をかかせたな」といって、手下の醜女《しこめ》を使ってイザナギを追いかけさせた。

イザナギは山ぶどうの実や櫛の歯を使って、追っ手の行く手を遮《さえぎ》るが、それでも黄泉の国の軍勢は追ってきた。最後は、黄泉の国と現世の境に生えていた桃の実を三つ取って、軍勢に投げつけたところ、軍勢はことごとく退散した。

そのとき、追いついたイザナミはイザナギに「こうなったからには、私はあなたの国の人々を一日一〇〇〇人絞め殺しましょう」と告げる。これに対してイザナギは「あなたがそうするなら、私は一日に一五〇〇人生みましょう」と応じたのだった。

以上がイザナギによる「黄泉の国訪問神話」の概略だが、実や種が汚れたものや穢れたものを祓う呪術の道具として使われたことが明確に描かれている。後々大きく成長するような植物の実（根源）を使ってお祓いをすることは、当時は当たり前のことであった。中国では、キョンシー（動き回る死者の妖怪）を米で祓ったといわれている。

その中国では、小豆でつくった饅頭の起源として、「蛮頭（ばんとう・ばんじゅう）」の故事が知られている。三国時代、蜀漢《しょくかん》の丞相《じょうしょう》・諸葛孔明《しょかつこうめい》（一八一〜二三四）が濾水《ろすい》という川にさしかかった。ところが濾水は氾濫《はんらん》しており、孔明率いる軍隊は立ち往生する。その場所は、蛮地と呼ばれるほど野蛮な風習が残るところで、土地の人たちは四九人の首を切って、頭を川の神に供えれば氾濫が抑えられると信じていたという。

しかし孔明は、そのような蛮行には及ばず、小麦粉をこねて人の頭に似せてつくった四九個の丸いものを川の神に捧げたところ、見事に川を鎮めることができた。そのことから、小麦粉をこねてつくった「肉まん」のような丸いものを「蛮頭」と呼ぶようになり、それがいつしか小豆でつくる「饅頭」となって、神様に捧げるものとして日本に伝わったのだという。

▼「代償呪術」としての供え物

その話が真実かどうかはわからないが、少なくとも代償として似たようなものを差し出すことには霊的な意味がある。たとえば月見のときにお萩やお餅を並べるが、それはいったん「月」という神様に捧げて、その後私たちがいただくわけである。つまり、神に代償を出すことによって別のものが得られる、あるいは別の災いが起きづらくなる、という願望が現実化するのである。

この現象がどうして起きるのかを説明するのは難しい。強いて説明するならば、ギブ・アンド・テイクのような法則が働くようにこの宇宙はできている、としかいいようがない。「神」に感謝して何かを差し出す。すると、その気持ちや真心に応じて「神」はそれにふさわしい現象をもたらす。もっと正確にいえば、神や宇宙の意志は、本来代償などを求めるはずもないが、代償を出すことによって私たちの後ろめたさが消えるのである。一種の霊的な作用反作用の法則と考えてもらってもいい。

物理的な作用反作用の法則と違うところは、力の強さが問題になるのではなく、心の本質が問題になるということだ。そこに邪念が介在すれば、ネガティブなモノが引き寄せられる。良い感情で捧げれば、良い感情が具現化したような現象が起き、悪い感情で捧げれば、その感情が具現化したような現象が現れる。「口は禍《わざわい》の門《かど》」というが、自分から出たものは自分に帰るのである。

おそらく古代の人たちは、その法則をあえてしきたりや風習にして継承させようとしたのではないだろうか。

また、饅頭はお金の象徴でもある。饅頭を積み上げて捧げるというのは、お金が積み上がっていくことを表わしていた。すなわち金銭的な豊かさをイメージすることによって、それと同じような現象を引き寄せようとする呪術なのである。現代風にいえば、成功哲学的なイメージ法である。

それは神仏に参詣して奉る賽銭《さいせん》に似ている。豊かさのイメージを神仏に捧げることによって、豊かさの霊的な反作用をいただくのである。その際、量や額は関係ない。一〇〇万円の心のこもっていない捧げものは、一六円の心のこもった捧げものの足下にも及ばない。

だから私はよく、神社では五円玉と一円玉と十円玉を捧げるようにしている。五円玉は金、一円玉は銀、十円玉は銅の象徴と見なせば、金と銀と銅の豊かなイメージを神に捧げることができるからだ。ポイントは、嘘偽りのない純粋なイメージを思い描き、それを捧げることができるかどうか、にかかっている。

また、饅頭には他の側面もある。小豆などに代表される生命力を口にして味方につけるという呪術的な側面があることだ。そもそも丸いモノを練ったり握ったりしてつくるという行為自体、そのモノに気を込める所作でもある。もちろん誰がその気を込めたかというのがいちばん大事だが、母親の手作り饅頭など気持ちのこもった、良いエネルギーに満ちた饅頭を食べれば、自分の体にもエネルギーが満ちるのである。

このように饅頭を捧げる風習には、二重三重の呪力が込められている。何かを差し出すことによって災いを避けたり、幸運を引き寄せたりする代償効果、豊かさのイメージをもつことによって成功につなげる一種の暗示効果、実際に生命力の強い食べ物を口にすることによって得るエネルギー効果である。この風習が続いているのには、これだけの理由があるのである。

4章

禁忌や俗信と結びついた——
身ぶり・所作に隠された呪力

タブーや縁起の良し悪しと結びついた所作

ふと髪の毛を触る、首を動かす、手を振る、くしゃみをする、咳《せき》をする。こうした何げない動作は、行儀やタブーにかかわるしきたりと結びつくことも多い。「やってはいけない」「縁起が悪い」などと言い伝えられていることも多々あり、今日では多くが迷信とされている。

しかし本当にそうなのだろうか。ここでは、そうした所作やしぐさをスピリチュアルな観点から分析した。実は伝統的な所作、しぐさには、呪力が隠されている。意識していないようがいまいが、日常生活はまさに呪術の宝庫なのである。この章ではそうした日常の身ぶりや所作に隠された呪術について説明する。

爪──切る、伸ばす、飾ることの霊的な意味

▼「夜、爪を切ると親の死に目に会えない」といわれた理由

夜、爪を切ると、親の死に目に会えなくなるからやめなさい、とよくいう。一説によると、戦国時代の夜詰め（世詰め）からきているらしい。

夜詰めは、夜間に城や陣地を警護する重要な役目であった。当然、戦乱の世にあっては、親

が死にそうになっていても、持ち場を離れることは御法度《ごはっと》だった。だから「夜爪」は「夜詰め」につながるから不吉だというのである。

哲学者の九鬼周造《くきしゅうぞう》（一八八八〜一九四一）が説いたように、語呂合わせに意味を見いだすというのは、伝統的なしきたりの非常に古い時代からの根拠になっているのだ。だが、語呂合わせが、単なる駄洒落だと思って大切な哲学を見失ってはならない。すでに述べたが、語呂合わせは、言葉の戯《たわむ》れなどではなく、非常に重要な意味をもっていることが間々あるからだ。

というのも、語呂合わせをすると、連想ゲームではないが、潜在意識の領域では、人間は同じ音や意味をもつものを無意識的にイメージしてしまうものだからだ。いちばん典型的な例は、受験生をもつ家族はなるべく「滑る」「落ちる」という言葉を使わないように努める。それは潜在意識に受験に滑るとか落ちるというイメージを落とし込むことが良くない結果をもたらすだろうということを、長年の経験から知っているから定着した習慣なのである。四は「死」を連想させるからよくないというのと同じだ。

夜爪をすると、「夜詰め（世詰め）」の経験によって「親の死に目に会えない」というようにイメージしてしまう。近代以後、「夜詰め」などなくなっているのにもかかわらず、夜爪は「夜詰め」からきているのではないかと指摘する人が出てくるので、再び「夜爪」と「夜詰め」のイメージがつながってしまうという現象が起きる。別の言い方をすると、「夜詰め」することと、「夜爪」をすることは、もともと関係など何もない。しかし、語呂が近いからイメージ的に連想しやすかったということには、根拠があったのだ。

もちろん、この連想ゲームの背景には、もっと別の理由もあった。夜、爪を切ることと、夜間の暗さの問題だ。現代なら照明が発達したので、夜爪をしても問題はないが、照明が発達していなかった昔は、松明《たいまつ》やろうそくがあったとしても、爪を切るには暗かったことは想像に難《かた》くない。夜、暗いところで爪を切るのは危険だったのである。

ましてや、爪を切る道具がそれほど衛生的ではなかった時代には、指から雑菌が入って壊疽《えそ》を起こし亡くなるケースもあったはずだ。それを戒めるために「親の死に目に会えない」といった可能性もあるのだ。

しかし、背景にあるのはそれだけではない。爪には霊的な能力と切っても切り離せない関係があると信じられてきたからだ。日本神話でも高天原《たかまがはら》で乱暴狼藉《ろうぜき》を働いたスサノオが追放される際に、髪やヒゲと共に、爪を切られて贖《あがな》いをさせられたのも、爪には重要な意味があったことを物語っている。

西洋でも霊的な能力をもった人が爪を伸ばすという習慣や言い伝えはある。女性が付け爪をするのも、その言い伝えにルーツがあることは間違いない。

爪を伸ばすことと感情の関係

霊的な意味で見れば、爪を伸ばす習慣は、自分の感情を抑えるということと連動している。

伸ばせば感情をなだらかにすることができる。長い爪が自分を律するのだ。つまり、爪を伸ばしていることは、自分は感情を抑えることができる人間であることを表明することになる。逆にいうと、爪を切るということは、感情の抑えが利かなくなるというマイナス面と、抑えていたストレスを解消しやすくするという両面がある。

ゆえに夜爪は、夜間において感情を抑えないことにつながる。嫌な感情があれば、それが妄想の方向へと向かい、よく眠れなくなる。爪を切るなら朝、はつらつとした状態で切るべきなのである。それを諭すために生み出されたのが、夜爪はいけないという、しきたりだ。

また一面においては、夜、爪を切ると、思いが止まらなくなる場合がある。抑圧された感情を発散させることは、心の解放にもなる。

地方によっては、男性も小指の爪だけ伸ばすような風習があるのは、この呪力の本質に気づいているからだ。小指の爪を伸ばすと、細かいものが剝がしやすくなるという利点もあるが、それだけが理由ではない。自分の感情をコントロールする所作だからだ。

そして、それは次のステップにつながる。願掛けである。髪にしろ、ヒゲにしろ、爪にしろ、願掛けをするときには、こらえてから切る（剃る）という儀礼や所作をおこなう。

それは霊能的な能力開発の基本でもある。集中（緊張）と解放（弛緩《しかん》）——ギュッと握ってから放すという感覚が霊的な能力が発現するときなのである。

夜爪は確かに語呂で嫌われたが、それだけではない。複合的な理由があるのだ。語呂合わせであっても、ばかばかしいと言い切れないのはそのためだ。

そこで、別の問題が生じてくる。それは守るべきしきたりなのか、守る必要のない迷信なのか、あるいは時代が変わったからもはや守らなくていい迷信なのかという問題だ。

夜爪はどうであろうか。合理的な便利さからいえば、夜爪を忌むことは忙しい現代人にとってもはや守るべきしきたりではない。朝、悠長に爪を切っていたら、会社や学校に遅れてしまうだろう。夜なら、風呂上がりにのんびり爪を切ることができるし、現代においては衛生的な爪切りも昼間のように明るい照明もある。

しかし、霊的な視点からは、夜爪はしないほうがいい。便利な世の中になったが、この便利さに基づいた所作を長く習慣化した場合に、霊的に調子が悪くなることがあるからだ。

いまはいいかもしれないが、霊的に不自然な感情の状態が癖となって身についてしまい、身を亡《ほろ》ぼすかもしれない。たばこは気分転換やストレス解消にいまはいいかもしれないが、長く吸い過ぎれば、やはり体を害する。それと同じだ。

たとえ短期的には便利でもそれを習慣化していいかどうかは、霊的に見れば、大問題になる場合があるのである。というのも、呪力というのは、見えないところでじっくりと効いてくるからだ。まさしくそれは、漢方薬の効き目のように体質を根底から変える力がある。しかもそれは、目には見えない。

もちろん、多くのしきたりは迷信として切り捨てることもできる。だが、いまは不便に思えるしきたりや風習も、長くおこなうと、呪術的には意味があるものも多い。呪術的な側面を正しく捉えないと、しきたりの必然性はわからないのだ。

その意味で、夜はなるべく爪を切らないことだ。爪は、感情を抑制する以外にも霊的な働きをもっている。実は霊気が出入りする場所でもあるのだ。夜、爪を切ると、霊気が抜ける。あるいは、悪いものに霊気を吸われやすくするという考え方がある。だから、爪と肉の間は隠したほうがいい。深爪はよくない。そこが霊的なモノの出入り口だからだ。

一か月程度の期間でおこなっていたことの節目や切り替え時期が訪れたときに、日中、ていねいに爪を切ると心は安定する。そのような習慣をもつことが良いのではないだろうか。

手指の「爪相」からわかるエネルギーと宿命

爪の周りには、体のバランスを取るために重要なツボがある。元気がないときは、爪の両側を軽くつまむように押すと気持ちがよくなる。下手に体じゅうのツボを揉むよりも、便利で簡単だ。爪には多少なりともオイルを塗って爪を潤わせながら、爪のツボを揉むと効果的だ。爪には全身の「雛型《ひながた》」がある。それを爪相という。爪の微妙な変化は全体に影響を及ぼす。

たとえば自分の父親が弱ってきたとき。自分の体は丈夫だが、父親が年をとってきたことによって、爪に縦にくびれができることがある。身内に何か起こると爪に変化が起きるのだ。

霊能者は精気が出入りするので、爪の付け根の白い部分（爪半月）が、あまり大きくならな

爪相の見方

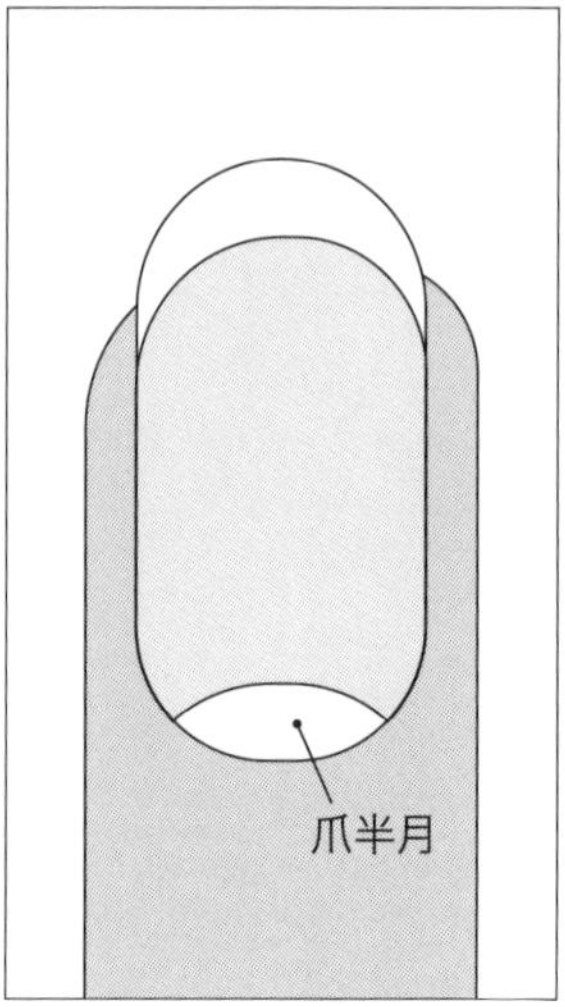

い。白い部分が大きい人は、気が安定していることを示す。とくに親指の白い部分が大きければ、親から継承するものが非常に強いことを表わす。

逆に白い部分がない人は、体が弱いとよくいわれる。だが、それは気の出入りが非常に激しいというだけで、霊能的資質によるものなので、それほど心配する必要はない。幽体離脱的な資質が強いことを表わしているにすぎない。

爪だけでなく、指そのものも、さまざまな神気が出入りする。小倉暁風という神道家が記した『御道の寶』によると、それぞれの指には、それに呼応する個別の神様があるともいう。

そのような爪を、夜の暗がりで軽々に切るのは危ないし、長期的には自分のためにもならない。目が衰えてきたらなおさらだ。爪は、非常に大事で霊的なものだから、お日様の下でよく見ながら、大事に切らなければならないのだ。

ヒゲや毛髪も同様に霊的なものだ。『旧約聖書』に出てくる怪力サムソンが、髪を切られて力を失うのは有名な話である。ギリシャ神話の怪物メドゥーサの蛇の髪が呪力をもつのも、古代人がそのことに気がついていたからにほかならない。ヒゲ、髪、爪を剝ぎ取られたスサノオは、霊的な能力をそぎ落とされて、高天原《たかまがはら》から追放されたことが明示されているわけである。

指と神様の相関図

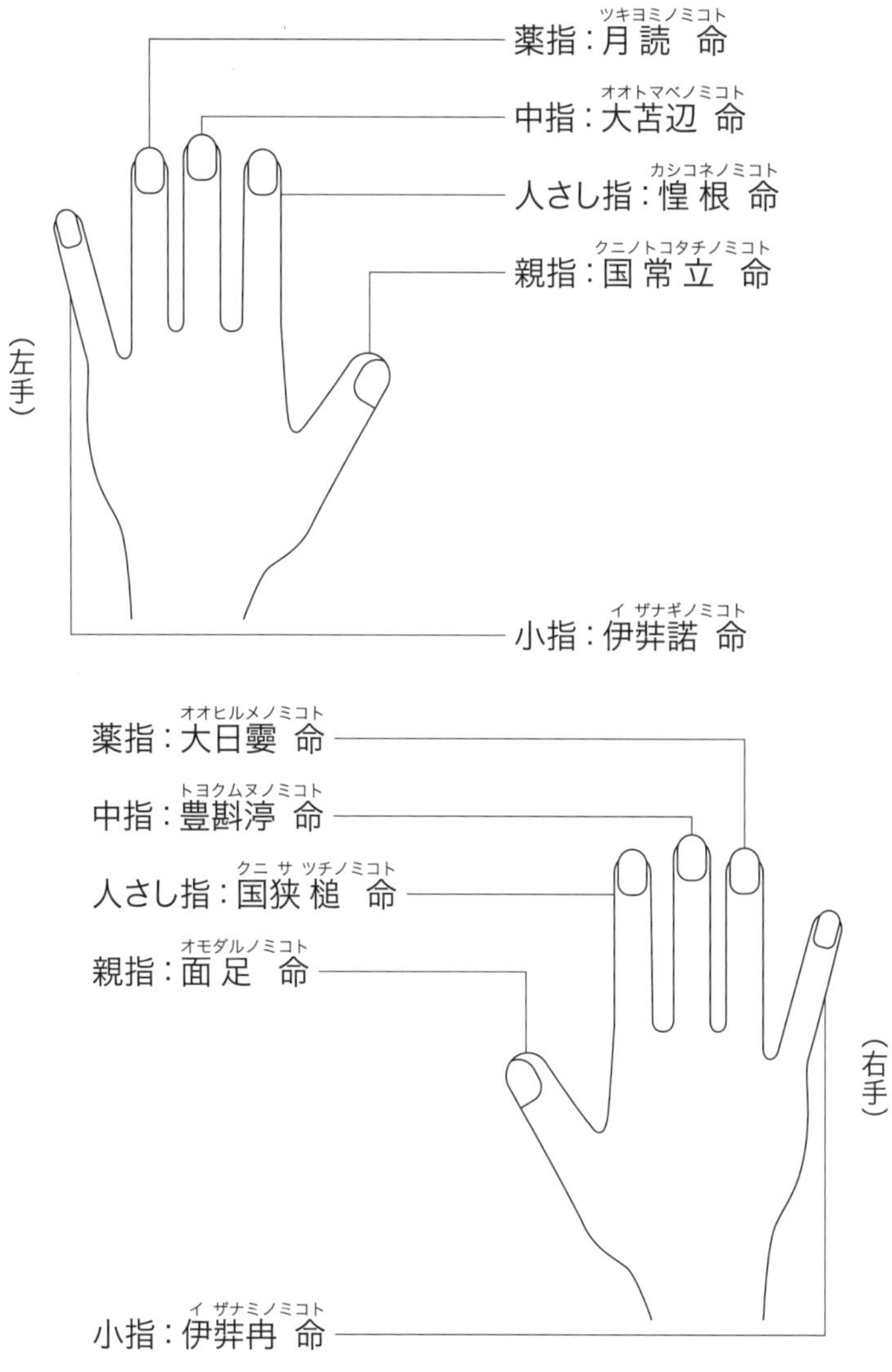
薬指：月読命《ツキヨミノミコト》
中指：大苫辺命《オオトマベノミコト》
人さし指：惶根命《カシコネノミコト》
親指：国常立命《クニノトコタチノミコト》
（左手）
小指：伊弉諾命《イザナギノミコト》
薬指：大日孁命《オオヒルメノミコト》
中指：豊斟渟命《トヨクムヌノミコト》
人さし指：国狭槌命《クニサツチノミコト》
親指：面足命《オモダルノミコト》
（右手）
小指：伊弉冉命《イザナミノミコト》

近年、女性のおしゃれの中心になっているネイルコーディネートは、気の輝きである「霊的魅力」を蓄える呪術でもあるわけである。

右回りと左回り――神社の参拝方法が時計回りなのはなぜか

神社を参拝するときは、時計回りに左から回る。しかも左足から進み、右足から退く「進左《しんさ》退右《たいう》（左進退右）」でもある。それによって、御蔭（ご利益、神仏の加護）をいただけるのだ。

霊的にいうと、最初に「ひ（靈）」が足りている側である左《ひだり》側から進む。そして自分が左側にもつ霊的なエネルギーである「ひ」を神様にお見せして、神社に対する「大切だ」という思いを差し出す。そこで神様との交流があって、参拝者の心の真摯《しんし》さが裁定されることによって、神様から見えない力を頂くというのが正しい所作である。

この左に象徴される「ひ」と、右に象徴される「み」についての霊的な捉え方は、3章でも詳しく説明した。

近代のオカルティズムでは、この進左退右や時計回り（右回り）の所作が軽んじられている気がする。それを唱える人は少ない。中国でも、アメリカのニューエイジ運動でも、時計の反対回り、進右退左を唱える人が多い。「時計の反対回りをすることによって、宇宙からパワーやエネルギーをもらう」と説く。

霊的に見ると、時計の反対回り（左回り）をすることは「委《ゆだ》ねきる」ことであり、「何かを得る」所作ではない。右から反時計回りに回ることは、自分からエネルギーが流れて、あつめたパワーがゼロになることを意味する。それは自己不在に向かう象徴にもなりうる所作だ。

正しい所作は、光を自分に向かって集光するように、エネルギーやパワーをあつめなければいけない。それができるのが、まさに左進退右であり、時計回りなのである。

そのことは日本の神話では、イザナギとイザナミによる国生み神話に出てくる「天の御柱《みはしら》」を左と右のどちらから回るかという物語にも象徴的に出てくる。陽のシンボルであるイザナギは時計回りで聖なる柱である「天の御柱」を回り、陰のシンボルであるイザナミは時計の反対回りに柱を回る。

つまり、エネルギーを吸い取ってどんどん積極的になる動きがイザナギの回った時計回りであり、エネルギーを放出して受け身になる動きがイザナミの回った時計の反対回りなのである。ところが、一回目に回ったときに、陰の象徴であるイザナミから積極的に声をかけてしまい、国生みは失敗する。そこで今度は、イザナミは身を委ねて、イザナギから積極的に声をかけると、国生みがうまくいったと書かれている。

この神話の語っている意味は、まさにそういうことなのである。時計の反対回りに回るのは身を委ねる動きであり、積極的になる（パワーを得る）動きではないことを教えている。

ところが中国では、まったく逆の動きを教える流派が多い。師匠（教祖）は弟子（信者）たちに時計の反対回りに気を回すイメージをもつように教える。弟子たちと対面した師匠は時計回りに動くが、それを真似する弟子たちは、時計の反対回りに動くわけである。

するとどうなるか。弟子たちのパワーやエネルギーは師匠に吸い上げられていくという現象が起こる。弟子たちはますます師匠に身を委ねるようになり、弟子たちからパワーをもらった師匠はますます元気になり、弟子たちを支配するようになるという構造がそこにあるのだ。

やがて弟子のなかから、師範になれる者が現れる。師範は弟子に教えるときは、弟子とは反対の時計回りの動きをするので、そこで初めて反時計回りのからくりに気づくのである。そのことに気づいた師範は、弟子たちにはそのことを決して教えず、今度は自分が弟子たちからパワーをもらう側になるという寸法だ。

日本も最初は中国の左回り（時計の反対回り）文化を模倣する時期もあったが、やがて右回り（時計回り）が正しいことに気がついた。それが「国生み神話」の真相ではないだろうか。

女性は神そのものと合一する巫女としての依《よ》り代《しろ》、すなわち神宿りをする存在である。女性は「かみさん」であって、神とつながる神様なのである。すると、進左退右の所作を重んじる神社では、神に向かう男は左足から神殿に入っていく必要がある。それで、服の衽《おくみ》も左が上（相手から見ると「右前」）になったのではないだろうか。本来なら女性は神であるから右が上（相手から見ると「左前」）でもいいのである。男性は時計回りである進左退右の所作をもったまま、神に向かうということだ。神はそれを受容するために、時計の反対回りでそれを受け入れるというイマージュがそこにある。この場合、女と男は神と人を表わす。人と神が合う——陰陽図《いんようず》や太極《たいきょく》図のように、「かみ合う」のである。近年では男女ともに同じ合わせ方にするということもおこなわれているようであるが、大切なのは「合わせる」ということなので、それでも良いのかもしれない。

咳払いとくしゃみ——霊的にどのようなときに起こるのか

咳を人前でするると、思っていたことがうまくいかなくなるといわれる。一方くしゃみは、「思われくしゃみ」といって、誰かに思われていると起きるとされている。誰かが自分の噂をしたり、誰かに思われたりしているとくしゃみが出るというのだ。

霊的にいっても、まさにそのとおりだ。風邪などひいてもいないのに、突然くしゃみが出るときは、誰かに思われているときのシンクロニシティなのである。

思われているときの体の反応は、瞼《まぶた》にも出る。瞼がピクピク動くときは、右であれば女性から、左であれば男性から何か思われているときだ。くしゃみが出て、瞼がピクピクすれば、それはまず間違いなく誰かが噂したり、思ったりしている。そういうときは、いい意味か悪い意味かのどちらかで生霊《いきりょう》が飛んできているのである。

これに対して咳やゲップは、自分を含めた周りの人がするようになったら、物事がうまくいかなくなり計画が頓挫《とんざ》する予兆的シンクロニシティである。人前で咳やゲップをこらえるようにいわれるのは、そのためだ。

喉は、普段の生業《なりわい》を象徴する。生活になくてはならない呼吸と関係しているからだ。その喉に異変があれば、それは生業に不都合が生じることを意味する。咳はその危険信号なのである。

ゲップは、いわば一度入ったものが出てしまう現象だ。戻す（嘔吐《おうと》する）ことと同義である。計画などが戻ってしまうことを暗示している。もし誰かが、大切なプランの最中にゲップをしたり、自分からゲップが出てしまったら、なるべく無心で一回手を叩くと悪い兆候が祓われるともいわれている。

手ぶり ― 手のひらは、人とのつながりを示す

▼盆踊りやサヨナラの身ぶりの霊的意味

手ぶりは、よく踊りでおこなわれる所作だ。誰かのそばで手を振ることは、相手とよりつながるとか、より陽気になるという効果がある。別れるときに手を振るのも、これからもお互いにつながっていよう、という意味が込められている。

気功の世界でよくいわれるが、手を振り合うことで、気と気、あるいはオーラとオーラが触れ合うのである。指と指が触れ合うような感じだ。

また、手のひらは希望を表わす。手のひらをお互い見せ合うのは、お互いに希望を向けるという意味合いもある。逆に指でさすのは、願望が強く出過ぎるので、良くないとされる。

手のひらを自分に向けて話すのは、自分に希望をもたらす意味になる。相手を癒やす効果があるとされる手かざしは、希望を与える所作である。

首を振ることにも霊的意味がある

首は同意の感情によって動きやすい。うなずくのは同意だ。縦に振るのは、他人を見ながら首を振るわけだから他人に同意し、そのイメージを受け入れるという意味になる。これに対して首を横に振るのは、可動域を広げて、気持ちを楽にしようとする動作だ。気持ちいい行為は、自分に集中している行為なので、他人に同意しない「ノー」の意味になる。また、横に振る動きは、間違った考え方から生じるイメージを祓う力がある。

「首が回らなくなる」という慣用句があるように、首を振れなくなったら、誰からも同意されず、こちらも同意できない状態を指すように思われる。

鼻持ちならない、鼻柱《はなっぱしら》が強い、目をかける、耳が痛い、口惜しい、息が詰まる、肩に手をかける、肩にのしかかる、といった身体言語（体を何かにたとえる言語）は多い。それは体の各パーツ（部分）は、感情表現や霊的な部分と密接に関係するからである。それを知っておくと、自分の身に起きている霊的現象や自分のなかにある深層心理を理解することができるのである。

夜、口笛を吹いてはならない

なぜ忌《い》み嫌われたか

夜、泥棒や人さらいの合図が口笛だったから、忌《い》み嫌ったという説がある。だが、実際は呪術的なことが理由だ。

西洋では、家のなかで傘をさすのと同じで、口笛を吹くことはドラキュラなどの魔物を呼ぶという意味になる。日本でも同様で、岩笛や口笛は招霊の呪術なのである。笛を吹くということは、そもそも霊を呼ぶ行為なのだ。筒のなかから出る音は、霊を招く力がある。

では夜、口笛を吹くのが良くないのは、霊を呼んでしまうからなのだろうか。

ここで問題となるのは、どういう意図で霊的なものを呼び出そうとするのか、という点だ。口笛と似た行為に、息吹《いきふき》の法といって、取り憑かれている人の肩のあたりに息を吹きかけることによって、魔物を取り出して、良い気を入れるという呪術もある。息吹は風を起こすことによって、霊的な状況を変化させるという力があるのだ。西洋でもたばこの煙を吹きかけて霊を払うという呪術があるくらいである。

息を吹きかけることで、その人の意志が通るようになる。すると、憑依《ひょうい》していた霊や魔物は退散せざるをえなくなるのだ。子供がよくする唾《つば》をつける行為と似ている。唾をつけることによって、他人を寄せつけなくさせるわけだ。まさに「息がかかる」状態にする行為が息吹の呪術なのである。

夜、口笛を吹く行為は、巫女などが神懸《かみが》かりになって霊魂を呼び寄せる「口寄せ」に近いものがある。

口は、「がま口」というように、お金の出入りを表わすと同時に、神々や神気《かみげ》の出入り口でもあった。その霊的に極めて重要な口を使って、口笛を吹く行為は、神聖なものであるべきで、軽々におこなってはならないということを戒めた。それが夜、口笛を吹いてはいけないという理由である。

口は、悪口をいうような目的に使わずにきれいにしておかなければならない。口は禍の門ともいう。決して、軽んじてはいけないのだ。

肉体の「パーツ」はすべて例外なく、私たちを守るために進化した霊的な「オリジナル神殿」の一部なのである。何一つ、重要でないものは存在しない。

夢解釈

時空を超えた潜在意識からのメッセージ

▼夢の四割には霊的意味がある

「夢枕に立つ」という慣用句があるように、神仏などが枕元に現れて、何かを告げる夢を見たという言い伝えは昔からあった。そのことから「枕」は異界と現実界をつなぐ「間座《まくら》」とか、神霊を召喚するための「真座《まくら》」「魂座《たまくら》」と考えられた。夢は神仏の「ご意志」なのである。

だが、夢の六割は、普段の現実世界で起こることの練習やシミュレーションをしているだけである。残りの四割のなかに、予知夢だとか啓示的なシンボリックな夢があるのだ。

最新の心理学の研究では、夢などまったく意味がないという説もある。だが、私は四割ほどが意味のある夢であると考えている。

『日本書紀』にも第一〇代の崇神《すじん》天皇が、皇子たちに夢を見させて、見た夢の内容を吟味《ぎんみ》したり審神者《さにわ》したりして、次の天皇を決めたことが書かれている。それによると、天皇は豊城命《とよきのみこと》と活目命《いくめのみこと》を呼んで次のように告げた。

「お前たち二人の子は、どちらも同じようにかわいいので、いずれを跡継ぎとするのがよいかわからない。そこで、それぞれ夢を見なさい。夢で占うことにしよう」

二人の息子は命《めい》を承って、浄沐《じょうもく》（川での水浴や、髪を洗うこと）したうえに祈りを捧げて寝た。そして二人とも夢を見た。

まず兄の豊城命が天皇に報告した。「御諸山《みもろのやま》（三輪山）に登って東に向かって、八度槍を突き出し、八度刀を空に振りました」と。

次に弟の活目命が報告した。「御諸山の頂に登って、縄を四方に引き渡して、粟を食《は》む雀を追い払いました」と。

それを聞いた崇神天皇は夢の占いをして、二人の子供に次のように告げた。「兄はもっぱら東に向かって武器を用いたので、東国を治めるのがよいだろう。弟は四方に心を配って、実りを考えているので、わが位を継ぐのが良いだろう」。

こうして、活目命は皇太子となり、豊城命は東国を治めた、と書かれている。

夢の解釈は昔から重要な国家的行事であったのだ。

夢は時空を超越していることがよくある。崇神天皇が夢によって次の天皇を決めるという決断をして、皇子たちに夢を見させたのなら、皇子たちの夢はまず間違いなく、その判断に反応する。皇子たちが潜在意識のなかにある思いが夢に出る可能性が高まるからである。

潜在意識は時空を超えている。本人が明確に決めた未来があれば、夢もそれに呼応する。テーマさえ与えられれば、夢は必ずヒントをくれるのである。

寝言に返事をしてはいけない？

夢に関連して、寝ている人が寝言をいったときに、その人に対して何か語りかけてはいけないという風習がある。

西洋の新宗教にも、類似する考え方がある。たとえば、麻酔手術の最中の患者に手術の執刀医たちが何か変な話をしているとする。すると、それが麻酔状態の患者に影響を与えて、何か重篤な身体状態を引き起こす引き金になることがあると警鐘を鳴らしているのだ。あくまでもその新宗教の考え方だが、医者の科学的知見にも影響を与えたとされている。

同様に、寝ている人が、何が起きているかわからない状態で、その人に適当な言葉をかけることは非常に危険なのだ。

ただし例外もある。戦前に活躍したエドガー・ケイシー（一八七七～一九四五）という米国の超能力者は、寝ている状態で質問されて、次々と的確な答えを出したとされている。テーマを決めて、退行催眠などで半眠《はんみん》半覚醒《はんかくせい》状態の人に話しかけるのは、明確な目的や本人の同意をもっておこなっているわけだから、問題はないだろう。

一方、何をいっているのか、何をいわされているのかを理解できないまま、寝ている人の精神状態もわからないまま、適当に話しかけると、それがその人の身体に悪い影響を及ぼすことがあるのである。

たとえば、台所で蛇口から水を出して皿を洗っているときに、脳溢血《のういっけつ》になって倒れた女性がいたとする。その女性が回復しても、それ以降、同じようなトーンの水の音を聞くたびに、具合が悪くなるというような現象が起きるのだ。

催眠術も同様だ。催眠術で寝ている状態の人に何かキーワードを与えると、そのキーワードを聞いた途端に寝てしまうという現象を起こさせることができる。寝言に対して返事をすることは、その危険性を高める。暗示にかかりやすい状態になっているからだ。

寝ている人の寝言に返事をすることによって、こちらの世界に帰れなくなるというのは極端な例だが、これも軽はずみに暗示をかけることを戒めた慣習の一つであると考えられるだろう。

5章

毎日、無意識に使っている——
漢字・図形・数字に隠された呪力

文字や図形はしきたりから生まれた

私たちが使う言葉は、しきたりや風習の結果できたものだともいえる。というのも、長い年月をかけて言葉が形成され、「この字はこういう意味があるのでこう書こう」とか、「こう読もう」とか、「こう解釈しよう」という風習が培《つちか》われて、歴史のなかで練り上げられて決まったのが、言葉や言語であるからだ。

同様なことは数字や図形にも当てはまる。言葉や音、漢字、そして数字や図形は、ある意味、風習やしきたりが凝縮したシンボルなのである。

それぞれどのような意味や呪術が隠されているのだろうか。まずは漢字から解読してゆくことにしよう。

漢字の呪術性 ━ 書くことで霊的パワーが発動する

▼なぜ漢字には呪力があるのか

漢字は中国から入ってきたといわれるが、「峠」「榊《さかき》」など、日本独自の文字体系も多く含まれる。最近は本家の中国で漢字を簡略化してしまったため、漢字のもとの意味がわからなくなってきてしまったことは、少し残念に感じる。

漢字の特徴は、面白いことに、実はエジプト文字に近い部分があるということである。名古屋で開業医をしていた板津七三郎（一八六六〜一九四四）は、一九三三年に『埃漢文字同源考』（「埃」は漢字でエジプトを表わす。漢字ではエジプトを「埃及」と書く）を著した。それによると、漢字はエジプト文字の影響を強く受けているという。

たとえば、漢字の「懸（県）」の字源とされる文字は木に人が逆さまにぶら下がる形からきて「掛ける」とか「ぶら下がる」という意味をもつが、エジプト語でも「下向きに垂れる」「掛ける」という文字は、左上の図のように人が逆立ちをしている文字になっている。また漢字の「分」は、文字どおり刀で二つに分けるという意味があるが、エジプト語にも「刀で二分する」という意味の似たような象形文字が描かれている。

エジプト文字（上）との比較

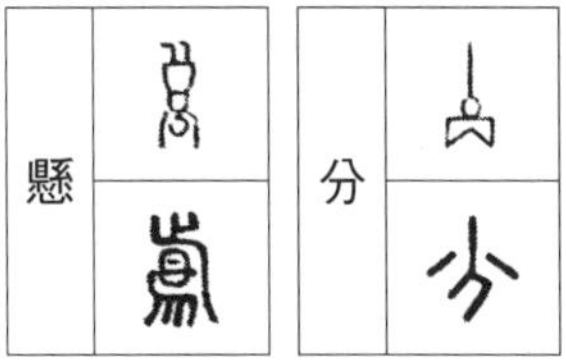

どうしてそうなるかというと、漢字には、象形文字のようにイメージが付加されているからだ。文字の形を見ると、もとのイメージが浮かぶようにできているのである。多くの場合、そこにはある種の万国普遍の形が存在する。それを毎日、読み仮名を付けて書くことによって、そのイメージが私たちの体や心のなかに染み込んでくることになる。

これは、心に〝筋肉〟をつけるような、心の訓練にほかならない。心の深部に強いイメージを定着させる最も大切な作業なのである。

「漢字を書く」という風習は、香《こう》ばしい「イメージの奥行き」を私たちに与えてくれる（なかにインプットする）所作なのだ。それも日常において簡単にできるトレーニングなのである。人生で豊かな生き方をしている人は、イメージのストックをたくさんもっている。その一助となっているのが、漢字なのである。

漢字としきたりは非常に深くつながっている。漢字を書くことによって、精神を統一したり、瞑想したりすることができるからだ。

写経や書道がまさにそうだ。写経や書道は動的瞑想でもある。パソコン、インターネットの時代に、書道は時代遅れとして排除する動きもあるようだが、それはまったくの間違いだ。書道こそ、日常に取り入れなければならないしきたりなのである。

▼暮らしに役立つ「漢字イメージ法」

漢字の字源を説く人は多い。字源自体は古代中国に遡《さかのぼ》らなければならない。だが、ここで私がいいたいのは、漢字という文化において、漢字によって繰り返しイメージするというしきたり（習慣）が成立したのが、日本であるということだ。漢字はその長年のしきたりの蓄積ゆえに、イメージを喚起する形に進化したといっても過言ではない。

具体的な例を挙げよう。「思」という漢字がある。田んぼの「田」に「心」と書く。ところが、「田」の上部の囲いを取り外すと、「志」という漢字に変わる。つまり「志」は頭のなかの枠のなかで考える（思う）のではなくて、枠を取り払って行動を伴いながら考えることだということが、漢字のイメージから読み取ることができるのである。

頭のなかでいろいろ練るのが「思う」であり、言葉に出る前の状態が「思い」ということがわかる。これに対して「志」は、言葉でも発し、行動でも示す心の発動であることが自然に心にイメージとして染みついているというわけだ。

自然界で私たちが必ず意識しなければならないことや、繰り返しイメージしなければならないことが漢字に込められている。それこそ、漢字文化がこの国で生き残ってきた理由でもあるのだ。

漢字のスピリチュアルな意味を知れば、これを生活に役立てることもできる。ポジティブシンキングの世界では、繰り返しイメージしたことは現実化するからである。

ポジティブシンキングの思想はこの三〇年間で西洋から日本に入ってきたと思う人もいると思うが、実は日本の漢字の文化のなかにはもともとその思想はあったのだ。漢字は日本古来のイメージ法であったということを、再認識すべきなのである。

たとえば、「力」という字には、すでに霊的パワーがイメージ的に宿っている。「力」と書いた紙を机の前に張り出すだけで、力がみなぎるように私たちは長年、イメージ・トレーニングをしてきたのである。それが漢字という「しきたり」のもつ強さだ。

当然、いい意味の漢字もあれば、不吉な意味の漢字もある。「凶」の字がその代表格だ。

だが、「こまる」を意味する「困」という文字と違って「凶」の字は周りを囲まれていないのが味噌である。一か所逃げ場があるように描かれている。かつその逃げ場が、上のほうに開いているわけだ。

上は、易の方位でいうと「北」を表わす。北は「集中」や天から降る「閃《ひらめ》き」の方位でもある。ここに一種の呪術がある。つまりどんなに行き詰まって逃げ場がないような凶事においても、北に象徴される直感さえあれば、すなわち直感を信じる力さえあれば、囲まれて駄目(×)な状態を突破することができることを、知らないうちに教え込まれているのである。

「貧すれば窮《きゅう》す、窮すれば変ず」という易の言葉があるように、「窮すれば通ず」である。駄目なことをやっていたら必ず行き詰まる。だが、行き詰まりも穏やかに集中すれば、また心の声に耳を傾ければ、必ず変化する、つまりピンチ脱出の奇跡が起こるのだというイメージが「凶」にはすでに込められているのである。見えない世界からの示唆があるのだというイメージだ。

すなわち、悪いことを表わす漢字も、実はその漢字がもたらすイメージのなかに突破口やポジティブな側面が書き込まれているのである。ということは、私たちが長年使用してきた漢字は、ただ文章としての意味を読み取るだけでなく、意味を解読して感じる必要がある。

せっかく習得した「しきたり」である漢字から、当面の問題を読み解くイメージ法をもっと活用するべきなのだ。

普段から何げなく、しきたりや習慣や文化として使っている漢字のなかにはすでに、意味を理解することによって成功することのカギが隠されているのである。

これは字源とはまったく別の解釈だ。字源はこういう形がこういう文字になったということを解説するものである。もちろんその過程を知ることは大事だが、その背後に秘された問題解決法を読み解くことはもっと重要である。

たとえば、先述した「思う」という字の「田」は、文字どおり生産性と結びつく田んぼのことであり、その下の「心」は心臓と結びつく。だが、これだけではまったく意味をなさない。無限にある雑多な思考のなかから、田んぼのように自分で囲って切り取った思考が「思い」であり、その限られた思考の範囲内で、心臓と連動して心に起伏をもたらすことが「思う」ことであると読み解くことが大事なのだ。

その限られた囲いを取り外して外に出ることが「志」であり、それもやはり心の活性力やポジティブさと連動するものであることがわかるのである。

▼漢字のルーツとなった八卦の記号

土を重ねる「圭」という字がある。名前にも使われるが、「佳」や「桂」、「鮭」などの字を形成する。さて、この字にはどういう意味が込められているのだろうか。土を二つ重ねる「圭」は、実は易経では「乾為天《けんいてん》」と並び最高の卦として知られている「坤為地《こんいち》」を表わしている。

「土」は易でいうところの「坤」。「大地」を表わし、数字は末広がりの「八」、記号は「☷」、性質は「受容性」という特性をもっている。その二つを重ねることによって得られる卦が、中央がすべて通る記号「☷」で表わされる「坤為地」なのだ。

この卦が得られるときは、第六感のセンサーが敏感に働き、願いがすべて通りやすくなり、望みが叶うときであるとされる。目先の利益や憎悪の感情を捨て、第六感を信じて従えば幸運がもたらされる、いちばん喜ばしい形なのである。

「圭」が人偏《にんべん》とくっつけば、人間関係が通っていく、すぐれて、美しい「佳」となる。生活を豊かにしてくれる縁起のいい魚であれば「鮭」、樹木であれば、美しくめでたい「桂」となるわけである。

ちなみに、漢字の「水」も、易が表わす八卦の記号と対応している。「水」は一般的には、流れている水の形からきている。白川静の『常用字解』には、水のルーツとして、甲骨文字（亀《きっ》甲《こう》・獣骨などに刻まれた中国最古の体系的文字で、卜占《ぼくせん》の記録を刻したものとみられている）や金文《きんぶん》（銅や鉄などの金属でつくった容器・兵器・貨幣・印章などに鋳出《いだし》したり刻みつけたりされた銘文）に記された字源となる形が記されているが、これを横にすると、流れる水である「滝」、あるいは「水」そのものを表わす八卦の「坎」の記号「☵」とそっくりになるのである。

火も同じだ。「火」という漢字は、火の性質を表わす八卦の「離」の記号と酷似しているのである。

なぜそうなるかというと、甲骨文字が「卜占の記録」であったことからわかるように、最初に易の卦の形があって、それが象形文字に変わり、漢字になったからではないだろうか。水や火という漢字ができる前に、易の記号があった可能性が高いのである。すべての漢字がそうであるとは断言できないが、少なくとも「水」「火」などの漢字は八卦の記号とも深くかかわっているのである。

「圭」のように漢字一文字で易の六四卦を表わすものは他にもある。「明」の卦は、「天」が示す「日」と「沢」を指す「月」と書くから、合わせて「沢天夬《たくてんかい》」となる。「決断を迫られるとき」という意味の卦で、筋道を立ててじっくりと考え、穏やかな状態で決断すれば物事が明らかになることを示しているように思われる。

八卦の記号と漢字

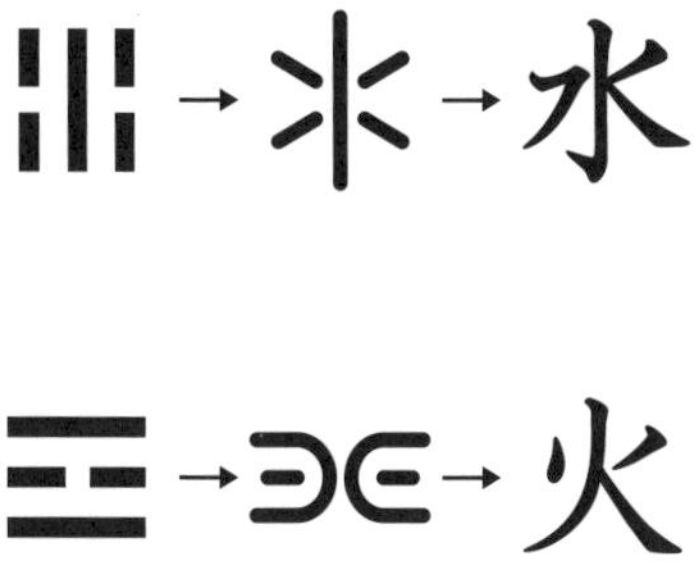

漢字のパーツであるところの、木偏、列火《れっか》（連火《れんが》）、土偏、金偏、三水《さんずい》などの偏や脚や冠は、もとをたどれば、木、火、土、金、水の易の卦の記号と密接にかかわっているのである。その卦の組み合わせで漢字はできている。少なくとも易の影響を受けて漢字が成立しているのだ。漢字は基本的に易の卦だと思っても、そう間違いではない。

逆に、漢字が易からきていることがわかれば、漢字のスピリチュアルな意味が自然とわかってくるのである。

▼漢字による未来予測

この漢字を使って、未来をある程度占うこともできる。それぞれの年は、時計回りに進む易のように毎年性質を変えるからである。すなわち、基本的に北の坎《かん》（水）から始まって、艮《ごん》（山）、震《しん》（木）、巽《そん》（風）、離《り》（火）、坤《こん》（地）、兌《だ》（沢）、乾《けん》（天）と進む。それは、自然界の次の営みによって説明される。

水は山を削り出し、山は木を育み、木は風にそよぎ、風は火を熾《おこ》す。その火は土によって鎮まり、土は沢に潤され、沢の水はやがて天に上る。その水は滝のようになって天から降る。万物はこの順番で盛んになる。

たとえば二〇二〇年は、さまざまなデータから「風」に象徴される「巽」の年になると、私は前年の段階で判断した。「風に乗るもの」として「噂」「ウイルス」などが話題になるといくつかのメディアで二〇一九年に発表したが、それは現実となった。

それが二〇二一年の「火」に象徴される「離」へと続くと現段階では予想されるので、二〇二〇年の後半からは漢字の脚に「列火」がつく名前をもっている人（たとえば「鳥」とか「熊」）が活躍する場合が多くなると考えるのである。

もちろん単純に日偏がつく人や火偏がつく名前の人が活躍する可能性はある。だが、隠されているほうがより呪力は強まるのだ。

では、なぜ熊に列火がつくのかというと、熊がいちばん神に近い動物だとされたからだ。火は、実は日《ひ》に通じ、靈《ひ》のシンボルでもある。つまり「熊」の列火は、霊獣であり神獣であることを表わしている。

同様に鳥も、神の使いであるとされているから、列火を使うのだ。熊や鳥は、精霊を宿す能力をもつ神獣として扱われてきたのである。

昔から日本では、山における動物の頂点には熊が君臨していた。その次が獅子(猪《いのしし》)、以下は鹿、りす、蛇、狐《きつね》、狸《たぬき》と続くのである。一部の例外を除いて鹿が神獣ではないのは、鹿が木の皮を食べて植物を枯らしてしまうからだ。猪も里の畑を荒らすので害獣にされることが多い。

その点、熊は山の木の実を食べても、木の皮を食べて樹木を枯らすことはしない。人はその頂点に君臨する熊を畏怖したがゆえに、熊が里に下りてこないようにと山の上に食物を供えるようにしたのだ。

似ているのに意味は正反対の「祟」と「崇」

「日」や「月」はどうであろうか。「日」の字のルーツは、丸に点の「⊙」であった。太陽は丸い形で表わされるが、なかが空っぽではなく中身があることを示すために、なかに小さな点を加えた。「月」は満ち欠けがあるので、丸い形の太陽と区別するために、三日月の形にしたとされている。

語呂合わせの漢字もある。たとえば「白」は百から一を引いたものという意味で、つくも(九十九）として使われる。つくもは「百に次ぐ」という「次百《つぐもも》」の約で、それが九九歳を祝う「白《はく》寿《じゅ》」だ。

意味が端的に描かれている漢字もある。たとえば「崇拝」などの語に使われる「崇」は、「宗」が祭壇（示）と神殿（宀）を意味すると見られることから、山を尊び大切にすることにルーツがあったことを示している。日本には山岳修験道《さんがくしゅげんどう》があるが、山と宗教が深く結びついている点では、中国も同様である。中国の信仰上の五つの霊山を描いた「五岳真形図《ごがくしんぎょうず》」がそれを端的に表わしている。「山を大切にして軽々しく入らない」という意味と「山に神や精霊がいる」という両面の意味があったのだ。

ではこの「崇」に一見すると似た字である「祟《たたり》」とはどういう意味かというと、文字どおり「出るのを示す」ということだ。つまり、「見えないものが現れる」のが「祟」である。言い換えると、山をおろそかにし、その奥行きに踏み入り、見えないものを信じないことによって現れる「見えないもの」が「祟り」であるということではないだろうか。

その見えないものとは何か——。それは神であるかもしれないし、「お化け」であるかもしれない。そうした目に見えない神秘的な事象が外に現れることを「祟る」と考えたのだ。

この祭壇（祭卓）の意味の「示」の右側に「申」と書いて「神（神）」となる。「申」は稲妻・雷の意味で、天にある神の威光の現れと考えられた。自然界の強烈なエネルギーを示すのが神なのである。

字源から見た「靈」の意味

霊の旧字である「靈」には、口が三つあることからわかるように、三つの意味がある。それは霊の三つの構成要素「三元」と呼ばれるもので、すなわち「直霊《なおひ》」「霊魂」「霊魄」である。すでに簡単に説明したように、霊魂は死してもこの世に残る物質寄りの霊的な要素、霊魂は先祖から子孫に伝わっていく「先祖のかけら」とも呼べる霊的な遺伝質、そして直霊は、何ものにも束縛されない「神のかけら」とも呼べる魂の本体あるいは魂の真髄である。

また「天」という字は非常に神聖なので、実際の天を示す場合、一つ隠して雨冠が使われることが多い。「靈」が雨冠なのはそのためで、「靈」の本当の意味は、天のエネルギーの下に三元があり、その下に神の降下を祈る巫女《みこ》を示している。

ある意味それは霊界の構造でもあり、目に見えない不思議な力の現れ方を示した図とも解釈できる。

形に込められた漢字の意味

「易経」の「易」については、二つの説がある。太陽である「日」と「月」の組み合わせであるとする説と、根源を示すシンボル「⊙」から四つの脚が出ているとする説だ。私はその両方の意味があると思っている。どちらも日（玉）や月が輝いて、その光が霊的な力となって放射され、あらゆるものを変化させるという意味が込められている。前出の『常用字解』によると、ただ変化させるときは「エキ」と読み、平易にするなどやさしく変えるときには「イ」と読むのだという。

つまり、易には万物の変化をわかりやすくするという、二重の意味があるのである。暦のシンボルである「日（陽）」や「月（陰）」の光の放射具合を観察しながら、流転する万物の事象を四の倍数である八つのチャンネルに分けて、さらに六四の卦に分類してわかりやすくしたのが易の正体というわけだ。

「易」とは意味が違うが、太陽の「陽」の字も面白い。再び『常用字解』を引用すると、「昜」は台上に霊の力をもつ玉（日）を置き、その玉光が下方に放射する形を表わしているという。阜偏《こざとへん》（阝）は、神が天に昇り降りするときの梯子《はしご》で、神が現れたり隠れたりする様を象徴しているというのだ。陽は玉光（神）の現れを示し、「陰」の「侌」は雲の形と栓のある蓋《ふた》を表わす「今」とを合体させた形であることから、玉光（神）を閉ざし、神気を閉じ込めるという意味になるのである。陰と陽の間を神の光が行き来している様を描いているようで面白い。

自由の「由」も形から意味を読み解くことができる。中心の縦線は回転軸にたとえることができるからだ。すると、「自由」は自分を中心にコマのように回転することであると解釈することができる。由縁、由緒、経由、理由などでも「由」が使われていることを勘案すると、物事の起こりやいわれ、経過といった事象には、渦のような回転がかかわっていると古代の人は考えたのではないだろうか。

「善」と「悪」という漢字で見ると、「悪」は上と下を塞がれている「亜」という形からわかるように心が塞《ふさ》がった状態が「悪」なのである。「亜」はもともと、王や貴族を埋葬した地下の墓室の平面図であったとの説もある。また、骨壺に見たてることもできる。インドにある釈迦の墓など、まさに「亜」の形をしている。いずれにしても、この形は塞がれた状態を指している。心を墓のように閉ざしてはいけないということだ。

これに対して「善」は、真ん中の棒が通っていることから、神の意志にかなうということを指している。「口」がついているのは、声に出して神に祈ることを表わすからだ。その形からは、神のために「羊」を捧げ、祈りの言葉を上げている状態が見て取れる。羊を捧げる行為が自分の身も心も捧げるという意味であるなら、利己心を捨てて神に祈ることは、それだけ神聖であり、人間の「善」なる行為であるということなのではないだろうか。

このように漢字の呪術的な意味がわかってくると、漢字がもつ呪力を感じ取ることがよりできるようになる。ぜひ、その呪力を感じて、漢字の呪術を使いこなしていただければと思う。

方角と色・形・数字――どのような相関関係があるのか

▼東西南北にも呪術的意味がある

漢字がそうであるように、文様、数、形、色、数字、言葉にも呪術が隠されている。そのことがよく理解できるように、まず、易経が教える方角に隠された色や形、数字について説明しよう。

方角にはそれぞれ、色と数字と形がある。そのことを如実に示しているのが、八卦である。北の坎《かん》の黒から始まって、時計回りに藍《あい》色、青と緑、紫、赤、桃色または橙《だいだい》色、白または金銀、灰色、同様に6、7、4、5、3、8と0、2、1の数字、形は割れ目（凹）、凸、長方形（円柱）、波形（曲線）、三角形、正方形、三日月、円が、それぞれ八卦の坎、艮、震、巽、離、坤、兌、乾に相当するわけである（30〜31ページの図参照）。

この相対表を覚えておくと、それぞれにシンボルの意味がわかって非常に便利である。四神《しじん》の色に関しても、この易の色に準じている。北の玄武《げんぶ》は黒だし、東は青龍《せいりゅう》、南は朱雀《すざく》の赤、そして西は白虎《びゃっこ》だ。

東洋だけでなく、一九世紀に活躍したドイツの化学者であり哲学者のカルル・フォン・ライヘンバッハ（一七八八〜一八六九）が感受性の強い能力者を使って実験したところ、それぞれの方角に易と同じような色や形があるという結果が得られたという。そもそも人間には、方角に対して普遍的に同じ色のイメージを感じ取る能力が備わっているのではないだろうか。その可能性は十分にあると思う。

北に向かうということは、黒、すなわち闇に向かうとか、神秘的なものに抗《あらが》うというイメージが強いのである。抵抗しても無駄だからこそ「敗北」という言葉を使うのだ。少なくとも北には「人の絆がゆるんで逃げまどう」という意味が込められており、それは、人が心の闇に紛れることでもあったはずだ。逆に赤く明るい南に向けば、それは「指南」となり、教え導くことができるわけである。赤に向かえば、元気になったり気力や情熱がほとばしったりするのを感じるのである。

東には、賑《にぎ》やかさを感じる。物事が発展して、木の枝先のように広がっていくイメージを受ける。だからこそ易経では、青々とした植物を、東に当てているのだ。

西は夕陽《ゆうひ》の座である。黄金色にキラキラと輝く太陽のイメージが強い。それは西方浄土《さいほうじょうど》の座でもある。古代エジプト人も、西方に常世《とこよ》の国があると考え、夏至の日の入りの方角を意識してピラミッドを建設したとされている。ナイル河の左岸（西側）にほとんどのピラミッド群があるのは、そのためだとも考えられている。

西はまた、黄金に象徴される資産の座でもある。思ったことが物質化する、あるいは結果が現れることを象徴する方角であるように思われる。

このように北の黒、東の青・緑、南の赤、西に金・白があって、それぞれ斜めの方位はその中間色である藍色（北東）、紫（南東）、ピンクとオレンジ（南西）、灰色（北西）が当てられているのである。

形や数字は、それぞれの方角（八卦）がもつ性質を象徴したものである。

▼日本画に隠された易

日本画の掛け軸にも、その易の原理が隠されている。山水画のなかには、易の八卦の世界が描かれているものがあるのだ。その基本的パターンとは、中央上（北）には滝（坎）が流れ、その右（北東）には山々（艮）が連なる。その下（東）には樹木（震）が茂り、さらにその下（南東）には、風（巽）通しの良い見晴らし台や橋がある。中央下（南）には紅葉などの赤色（離）の入ったモノが描かれる。

その左上（南西）は、平野部（坤）が開けていて、その上（西）には湖（兌）がある。さらにその上（北西）には、丸い太陽や月（乾）が描かれている。このような山水画の場合、それは八卦の配置図でもあるわけだ。八卦の宇宙観がそこに描かれているのである。

神事のときに「三方《さんぼう》（三宝）」と呼ばれる台の上に柑橘類《かんきつるい》など丸いものを神饌《しんせん》として供えるのにも、意味がある。「三宝柑（さんぽうかん）」と呼ばれる柑橘類まであるが、並べるのはみかんだったり、りんごだったり、芋だったり、団子だったりする。日本画でも丸いものを三つ並べる絵が重宝がられる（例『茶碗と果実』）。これは三つの実りを願うと同時に、三つ（火）の丸いモノ（天）が易で「天火同人」の卦を表わすからである。

天火同人とは、多くの人と広く協力して事に当たることを意味し、公明正大に偏りなく接すれば、チームワークの力で大きな目標を達成できることを示している。人が寄り添うことで吉祥となることを祈念している。三時のおやつに丸い団子を食べるのも、意味があるのだ。

『四季山水図』（雪舟）

『茶碗と果実』（速水御舟）

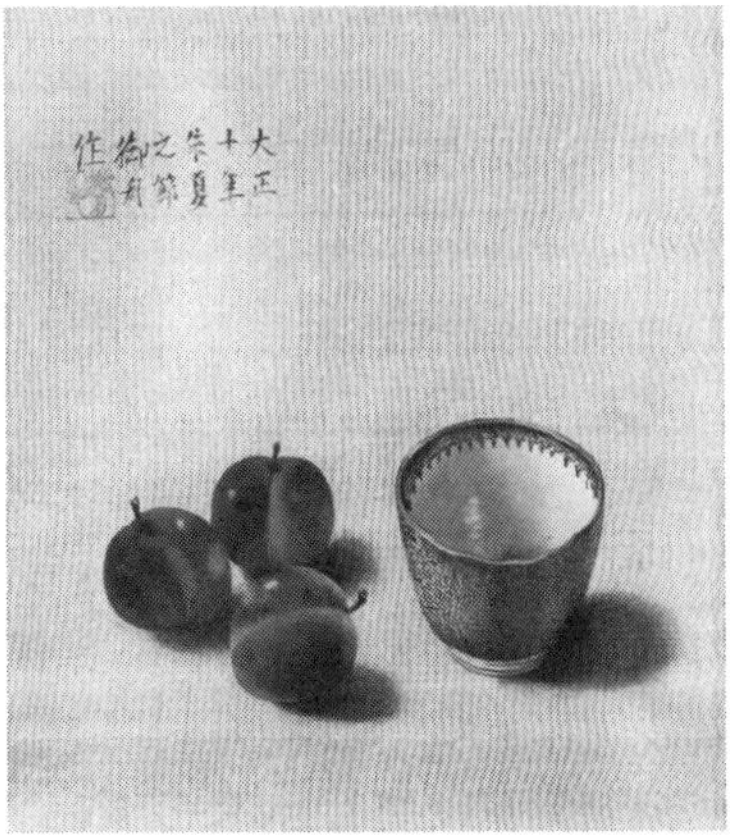

日本画や中国画には、易の呪術的意味が込められていることが多いのである。

▼華道と茶道がスピリチュアルである理由

こうした呪術的要素は、伝統文化では積極的に使われていた。しかし、次第にその意味は失われ、埋没してしまったのである。

たとえば華道では、流派によっては真副体《しんそえたい》とも呼ぶ基本の役枝《やくえだ》となる三本の枝を天・地・人と呼んだ。これは三元といって、この世の三つの力を表わしている。

見えない世界からくる三つの力を水盤に流し込んで、その大地からエネルギーを汲《く》み上げる

方丈

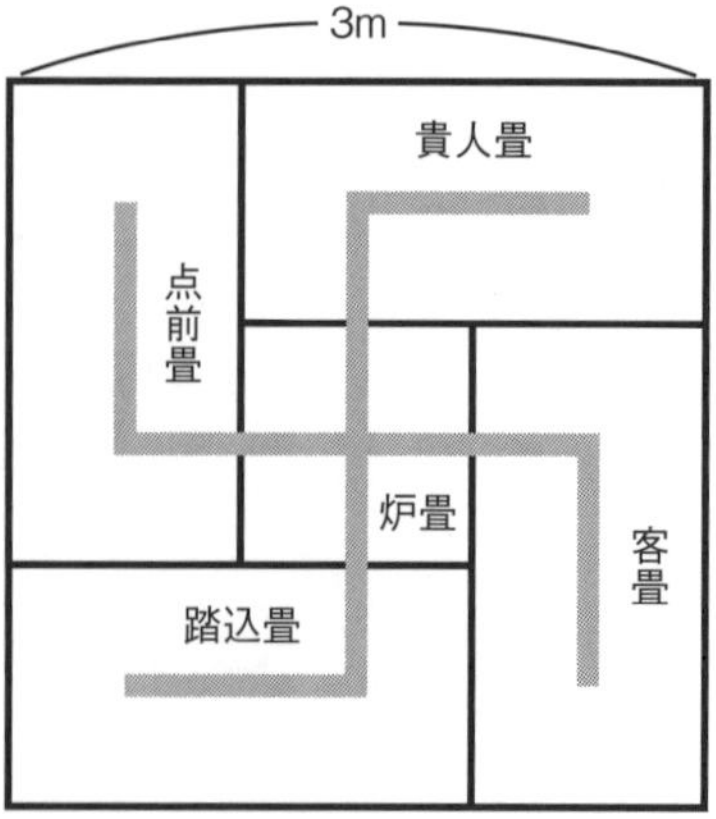

華道の天地人

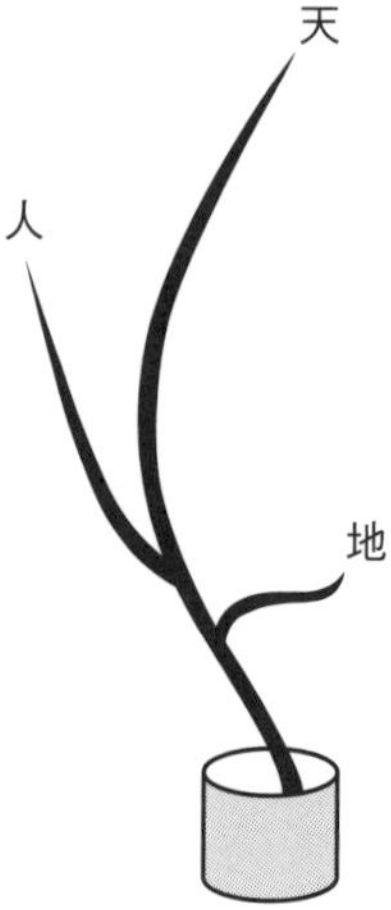

植物が「地」の枝となり、人に代表される生命のエネルギーを「人」の枝で表わす。その中央の奥には、エネルギーを絶えず降り注ぐ「天」の枝があるという図式がそこにはある。

華道は霊的なオブジェを生み出す芸術なのである。生け花自体を祭壇だと見なすこともできる。華道はいわば天地人の祭りなのだ。

易でいうと、そこには「乾（天）」と「坤（地）」と「震（雷：人間関係）」の図式が描かれているのである。

茶道では、真ん中の炉を囲む形の「方丈」で営まれる。鴨長明《かものちょうめい》の『方丈記』に書かれているように、一丈（約三メートル）四方、畳四畳半の広さの部屋である。その見取り図を見ればわかるように、すでにここには真ん中の炉で交わる「逆卍」のシンボルが隠されている。

全体は方形であるから、形としては真四角であり易では「地」を表わす。すると、地を表わす四角の真ん中で「火」を焚くことになるので、「火地晋《かちしん》」の卦が隠されているのである。

火地晋とは、すべてが順調で少しずつ良くなっていく状態のことで、端的にいうと、心の平和を祈る卦を表わしている。つまり、人を平和に戻すための儀礼が茶道なのである。

さらに炉（火）の上で「水」を沸かしてお茶を飲むという作法には、「水火既済」という卦が隠されている。水火既済とは、収まるべきところに収まっている状態のことで、物事が成し遂げられ完成することを祈る卦なのである。

したがって、茶道全体では、物事が成し遂げられて平和になるようにという呪術が込められているのである。

ドルメンの呪術

華道も茶道も本来は祈りの場の作法であったように思う。非常に古い時代からある祈りの所作が作法になったのだ。ではどのくらい古くからあるのか。

炉の跡に関していえば、縄文時代の遺跡から石で四角く囲った「石囲い炉」（長野県の「ひんご遺跡」や岐阜県の「中切上野《なかぎりうわの》遺跡」）なども見つかっている。一種の茶室遺跡である。おそらくそのころから、同じような祈りや呪術がおこなわれていたのではないだろうか。というのも、縄文時代の遺跡からはドルメン（支石墓）や、その下に玉の形の石などを埋めた立石《たていし》が見つかっているからだ。

たとえば、円筒形の立石があって、その下から玉石が見つかるケースがある。円筒の形は「震（雷）」のアイテムであり、玉石の形は「乾（天）」のアイテムであることから、「雷天大壮《らいてんたいそう》」の卦が得られる。雷天大壮とは、運勢的に非常に強く、勢いがあることを指す。つまり非常に大きな力（あるいは神）を呼び込む呪術でもあるのだ。

これは縄文時代の人たちが易を知っていた、ということではない。易という名前をつけて中国の人が〝専売特許〟を取ったのは、もっと後の話だ。

易を知ろうが知るまいが、もともと直感的に易で語られているような呪術があることがわかっていたので、特定の形のものやシンボルを置いて、それに付随する力を呼び込もうとしたということなのだ。少なくとも彼らは、そのことがわかる霊的なセンスをもっていた。易のほうが後付けなのである。

同様にしてドルメンの構造を見てみよう。二本の立石がゲート状に置かれ、その上に横石が渡してある。天井の横石を長方形と見れば「雷（震）」となり、その下の二本の立石を数字の「二」が表わす「沢（兌）」と見れば、「雷沢帰妹《らいたくきまい》」の卦が出てくる。

雷沢帰妹は、嫁《とつ》いだ嫁（未熟な者）が実家に戻ってくることを指すので、未熟な者が天国に戻っていくことを意味したのではないだろうか。つまりドルメンは、死者を天国に戻すための装置である「墓」の役割を果たしたのだと私は考えている。

立石と玉石

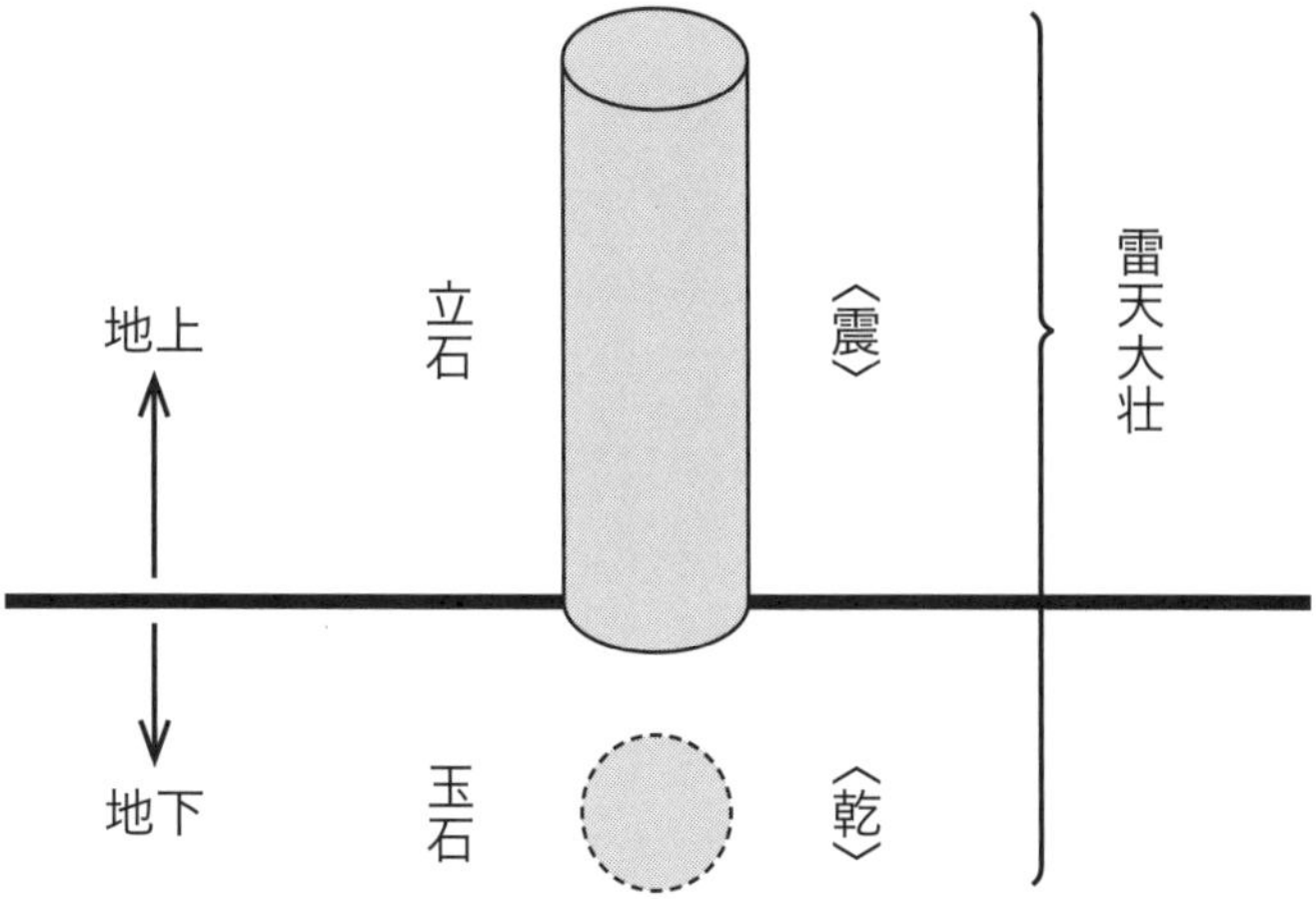

ドルメンの構造

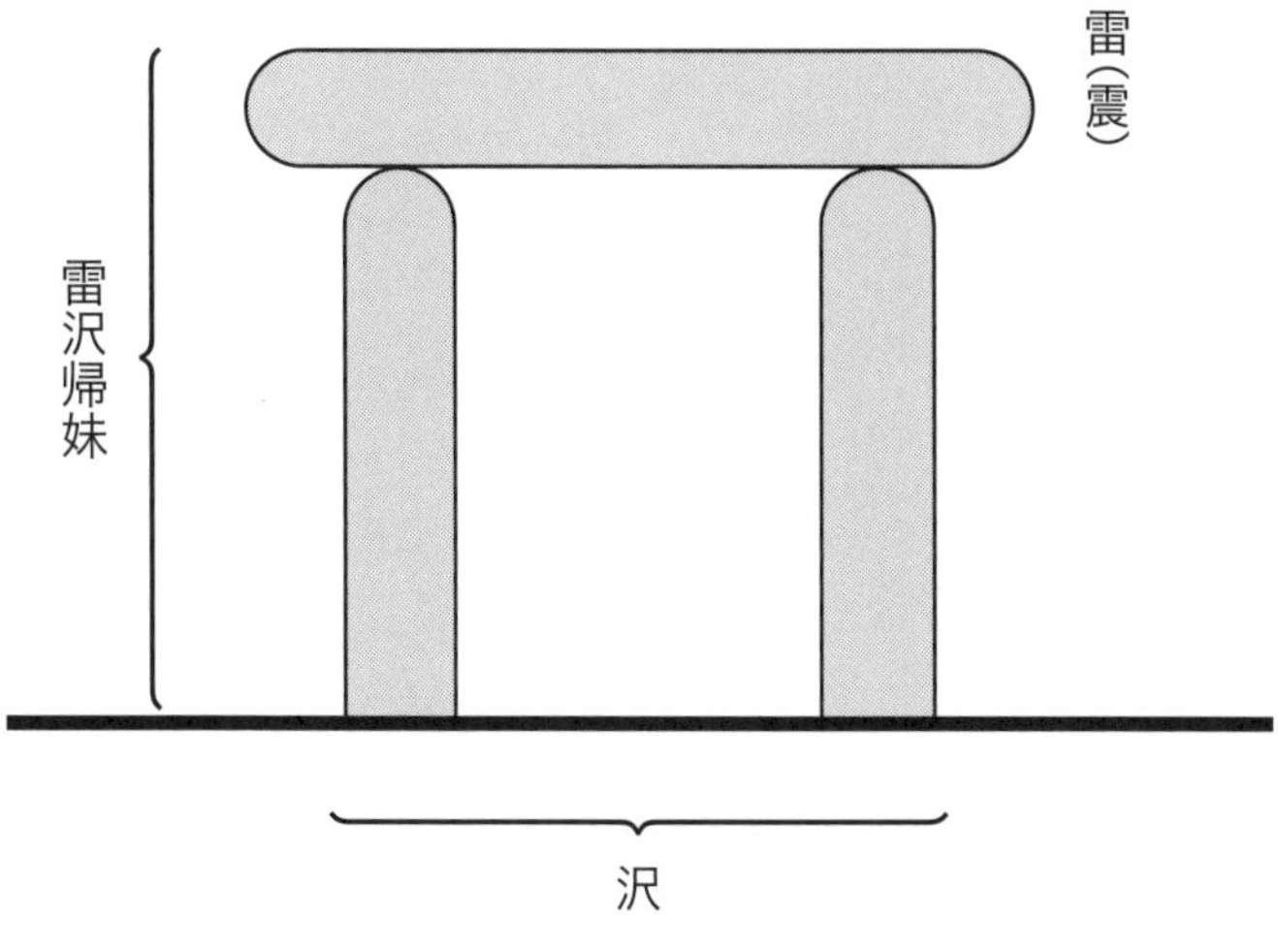

実は私たちの故郷は「天」なのである。人間として生まれた未熟な者が、その天へと帰っていくための祈りがドルメンという形に隠されているのだ。

▼ストーンサークルの呪術

ストーンサークルや環状列石《かんじょうれっせき》と呼ばれているものについては、基本的には円を描くことによって太陽や天を表わしているように思える。太陽は絶対的な根源の象徴である。それは「日」や「火」であるとともに、「靈《ひ》」でもある。エネルギーであり、光でもある。そこには陰陽という二元論を超えた力が存在する。そういう太極的世界（宇宙の原初の姿）を象徴しているのではないだろうか。

もちろん、複合的な意味においては、種蒔きや収穫時期を知らせる暦の役割がストーンサークルにはあったはずだ。意図的に斜めにされた立石は、日時計であったのだろう。

二重、三重の円を張り巡らした英国のストーンヘンジも、その中心に超越的な力を宿らせようとした、聖なるものの目印としての役割があったのと同時に、人の墓としての用途もあったと見られる。そのすべての要素を結集してつくられたのが、ストーンサークルの複合遺跡であった。

そのサークルに沿うようにして踊る盆踊りのような祭りには、向こうの世界からは神がきて、こちらからは死んだ人間の霊が送り出されていくという構図が隠されているのである。そのた

イギリスのストーンヘンジ

撮影:布施泰和

めの聖なる場所がストーンサークルなのだ。ストーンサークルをあえてつくる必要もない。真ん中に火を焚いて輪になって踊るだけで、協力して大きな目標を達成する「天火同人」の祈りとなり、円を描いて踊った後に火を焚けば、大いなる力を所有するという意味の「火天大有」の祈りとなる。

天からエネルギーをもらいたければ、時計回りに踊り、逆に天に送りたければ、時計の反対回りに踊ればいいのだ。

太陽を頂いて火の周りを踊ったり強い音を出したりする儀式には、太陽（天）と一体化したい、という強い思いも込められている。

かつて私がストーンヘンジを訪れ、特別な許可をもらって、その中心に立ったときに見たのは、二匹の龍が絡み合いながら、それぞれ逆回転で天に昇っていく光景であった。陰陽のバランスが取れていると感じた。石の構成も、真ん中がブルーストーンで、それを囲むように赤みがかったサーセン・ストーン（砂岩）が配置されていた。そこには赤（火）と青（雷）のシンボルがあった。

夕方だったこともあるが、やはり何か、大地の浮かばれないものを天に送っていく場所だったのではないかという感じは強かった。

昼を過ぎて午後二時、三時から、天（陽）の力は弱まり始め、天に帰っていく。逆に丑三つ時の午前二時、三時から天の力が入ってくるのを感じる。言い換えると、午後二時ごろに天の力はいちばん強まり、午前二時ごろになると霊（陰）がいちばん強まる。

たとえば、夜中の二時に陰の力が極まると、その後は陰の力が弱まり、陽の力が入ってくるのだ。逆に昼の二時になると、陽の力が極まって、その後は陰の力が入ってくるのである。

こうしてエネルギーの流れが読めるようになると、目的に応じてさまざまな呪術を使えるようになるのである。イザナギ（陽）とイザナミ（陰）の国生み神話は、このエネルギーの流れを知るための試行錯誤の結果であったとみるべきなのである。

車座になってゲームなどをするとき、時計回りに順番が回ることを泥棒回りと呼び、嫌がれることがある。和服を着たときに懐《ふところ》へ入る形になるのでそう呼ばれたらしい。だから麻雀は時計の反対回りなのだとの説もある。

しかし、霊的に見れば、麻雀の原型は霊を天に送るための儀式で、泥棒回りはエネルギーを奪い取るための儀式であったと解釈することもできる。だから泥棒回りが忌み嫌われたのだとすれば、妙に納得がいくのである。

さまざまな「108」の解釈

・一年の十二か月（12）と、二十四節気（24）、暦の季節的な分け方である大寒、小寒など七十二候（72）を合わせた数。
12＋24＋72＝108

・四苦（36）と八苦（72）を足した煩悩の数。
4×9＋8×9＝108

・六根（眼、耳、鼻、舌、身、意）の6、三つの人間の感情の在り方（好・悪・平）の3、奇麗（浄）汚い（染）の2、三世（過去・現在・未来）の3を掛けた数。
6×3×2×3＝108

・九十八随眠《ずいめん》（煩悩の別称）と十纏《じってん》（無慚・無愧・嫉・慳・掉挙・悪作・惛沈・睡眠・忿・覆の十の煩悩）を足した数。
98＋10＝108

一〇八と煩悩――多岐にわたる数の根拠

一〇八は煩悩の数とされる。人間の心身を悩まし続ける煩悩を表わした数だというのである。一説には、六識《ろくしき》を生ずる六つの感官、すなわち眼《げん》、耳《に》、鼻《び》、舌《ぜつ》、身《しん》、意《い》の六根《ろっこん》には、それぞれに悩みが六つずつの計三六の煩悩があり、それが過去、現在、未来と三つあるので三を掛けて一〇八となるのだという。

それだけではない。生・老・病・死・苦に、愛《あい》別離苦《べつりくく》・怨憎会苦《おんぞうえくく》・求不得苦《ぐふとっく》・五陰盛苦《ごうんじょうくく》を合わせた、人生の苦の総称とされる「四苦八苦」という言葉の中にも「一〇八」は隠されている。というのも、四苦を四九と見立て掛け算すると三六、八苦は八九＝七二となり、これを足すと一〇八となるからだ。

このように一〇八という数字に合わせてさまざまな語呂合わせ、数合わせのようなことが試みられた可能性がある。すでに説明したように、語呂合わせは呪力をイメージの力を使って強めるという働きがあるのだ。

その「一〇八」という数字に込められた強烈な煩悩の呪文を、音を使って消し去っていくという、鮮明なイメージをもつ儀礼が除夜の鐘なのである。

言霊《ことだま》━言葉の音の響きに隠された呪力

▼五十音がもつそれぞれの言霊とは

言葉の響きについても、触れておこう。それぞれの言葉がもつ呪力ともいえる「言霊」といわれてきたもののことだ。古くからいくつかの解釈があるが、共通点は多い。

だが、それらをすべて紹介すると枚挙《まいきょ》に暇《いとま》がないので、ここでは参考までに、次の三つの事例を紹介するにとどめておく。

(1) 戦前、安井洋という医学博士が言霊を心理学的に解釈した『日本語源の心理的解釈』（それぞれの音に隠された意味＝呪力を漢字で表した）

【ア】開【イ】苛・鋭・逸【ウ】鬱・動・浮【エ】優・励【オ】抑・下

【カ】堅・強・嚇【キ】軋・緊・屹・毅【ク】屈・確・来【ケ】蹶・激【コ】固・凝
【サ】颯・擦・騒・爽【シ】叱・細・刺・【ス】通・透・進・為【セ】狭・急【ソ】密・背
【タ】打・当・達【チ】小・縮・散【ツ】衝【テ】照【ト】轟・止・突
【ナ】軟【ニ】泥【ヌ】滑・脱【ネ】粘・【ノ】伸
【ハ】吐・發・薄【ヒ】密・菲・閃【フ】吹・履・合・膨【ヘ】扁・平【ホ】仄・茫・包
【マ】間・迂・回・纏【ミ】満【ム】勃・結・群【メ】滅【モ】濛・悶
【ラ】震・転・変【リ】（同上）【ル】（同上）【レ】（同上）【ロ】（同上）
【ヤ】努・弥・漸・押【ユ】揺・弛・緩・悠【ヨ】寄
【ワ】分・割・輪【ヲ】抑

（2）戦後、言霊学を広めようとした松下井知夫らが書いた『コトバの原典―アイウエオの神秘』（146ページにアイウエオの「行」と「列」がもつ呪術的な性質を表にした）

（例）
ある：無限（＝あ）にある静的な活動（＝る）が「ある」
いる：個別の動（＝い）的な活動が「いる」
やま：自然の力（＝努）によって重なった（＝弥）真実の存在（＝真）が「山」

潜象界（形而上）—目に見えない裏の世界—	全（静）	ア 天・無限	カ 創造・力・疑問	サ 差・分散	タ 多・片・魂	ナ 成・交換融合	ハ 展開	マ 真実・間	ヤ 自然の力	ラ 不確定性	ワ 和・人為
	個（動・与える）	イ 動き	キ 気＝目に見える力の部分	シ 純粋の個	チ 個々の質量	ニ 近づく	ヒ 光・熱	ミ 現れる	イ 動の現実化	リ 理・秩序	ヰ 井
∨動∧	↑合 成↓	ウ 総エネルギー	ク 気の凝縮	ス 拡散し個へ	ツ 集合	ヌ 融合一体化	フ 集中・充実	ム 生・無の動き	ユ 自然の熱	ル 活動	
現象界（形而下）—目に見え体に感じる表の世界—	個（動・求める）	エ 求める	ケ 変化	セ 個の位置	テ 手段・方法	ネ 根＝広がりと一体化	ヘ 連結	メ 受け身	エ 求むの現実化	レ 受霊力	ヱ 絵
	個（静）	(ヲ)オ 個の総称	コ 個	ソ 素・個性	ト 個の位置づけ	ノ 融合の結果の連携・統合	ホ 展開の可能性を含む潜在力	モ 存在	ヨ 繰り返しの再現	ロ 限界	

（3）言霊学を研究し、戦後皇学研究所を設立した小笠原孝次の『言霊百神』

（言葉がもつ呪術力と八卦の関係を表にした）

【チ（タトツテ）】陽出力：立（タ）・竹（タ）・手（テ）・血（チ）・道（チ）＝天（陽）
【イ（ヤヨユヱ）】飛至力：矢（ヤ）・射（イ）・湯（ユ）＝地（陰）
【キ（カコキケ）】陰搔力：書（カ）・毛（ケ）・子（コ）・柿（カ）＝風（陽）
【ミ（マモムメ）】旋回力：鞠（マ）・円（マ）・廻（マ）・目（メ）・見（ミ）・結（ム）＝水（陰）
【シ（サソスセ）】透刺力：死（シ）・刺（サ）・巣（ス）・皇（ス）・墨（ス）＝雷（陽）
【リ（ラロルレ）】螺婁力：針（リ）・見（ル）＝沢（陰）
【ヒ（ハホフヘ）】開発力：葉（ハ）・花（ハ）・穂（ホ）・火（ヒ）・屁（ヘ）・霊（ヒ）＝火（陽）
【ニ（ナノヌネ）】吸引力：成（ナ）・飲（ノ）・根（ネ）・煮（ニ）＝山（陰）
【ア】風・木・東
【イ】地・土・中
【ウ】空・金・西
【エ】火・火・南
【オ】水・水・北

これらの言霊の呪力が実際に正しいかどうかは、自分で実験して、実際に感じてみるのが早い。少なくとも、一つ一つの言葉がもつ呪力を意識することは、心を整える非常に重要な作業であるのは間違いないように思える。

そこで試しに、古くからある祝詞《のりと》「三種大祓《さんじゅのおおはらい》」のなかにあり、特殊な呪力があるとされている「とほかみゑみため」を取り上げて、分析してみよう。

▼祝詞「トホカミヱミタメ」の言霊とは

三種の大祓とは次のような祝詞だ。

吐普加身依身多女（トホカミヱミタメ）
寒言神尊利根陀見（カンゴンシンソンリコンダケン）
祓ひ玉ひ清め給ふ（ハラヒタマヒキヨメタマフ）

このなかの最初の祝詞が「トホカミヱミタメ」という謎の呪文である。

この八語からなる言葉は、古くは亀甲の裏に刻まれた「と・ほ・かみ・ゑみ・ため」という五つの線のことを指し、亀甲を焼いて表に現れたひび割れの形で占いをするときに、何らかの目安として用いられたと考えられている。

その後、神様を拝むときの唱え言として使われるようになった。この言葉の本来の意味ははっきりしておらず、「遠神能看可給」（遠つ御祖《みおや》の神、御照覧ましませ）、あるいは「遠神笑美給」（遠つ御祖の神、笑《ほほえ》み給《たま》え）といった意味であるともいうし、八柱の神様の頭文字だという解釈もある。

最初に小笠原孝次の『言霊百神』を使って「と・ほ・か・み・ゑ・み・た・め」を読み解くと、「天・火・風・水・地・水・天・水」となり、上から一組ずつ順番（卦の記号は下から積み上げていくので「天火」は「火天」となる）に卦を出していくと、「火天大有《かてんたいゆう》」「水風井《すいふうせい》」「水地比《すいちひ》」「水天需」となる。大意はそれぞれ「大いに所有すること」「潜在能力を活用すること」「親和力を高めること」「積極的に待つこと」である。これはこれで納得のいく意味となる。

「易で読み解いていいのか?」という議論もあろうかと思うが、「三種大祓」の二行目「寒言神尊利根陀見（カンゴンシンソンリコンダケン）」からわかるように、まさに易の八卦「坎艮震巽離坤兌乾（カンゴンシンソンリコンダケン）」の当て字であることがわかる。小笠原が指摘したように、言霊の背後には易の古伝哲学が存在している可能性が強いのだ。

次に松下井知夫らによる『コトバの原典』で読み解くと、「ト」は個の位置づけ、「ホ」は展開の可能性を含む潜在力、「カ」は創造や力、「ミ」は現れること、「ヱ（エ）」は絵または求めること、「タ」は片や魂、「メ」は動的受容となるから、大意としては「私がもつ潜在力や創造力を具現化させてください。神の魂の欠片《かけら》である私にお与えください」といったところになる。

最後に、安井洋の『日本語源の心理的解釈』を参考にすると、一つの解釈として、「神の力を轟《とどろ》かせて、包み込み、強さで満たしてください。優しさ（あるいは励まし）で満たしてください。穢れを打ち払い、滅してください」という大意になると思われる。

このように言霊の意味がわかってくると、いままで漠然としていた祝詞や呪文の意味がはっきりとしてくる。もちろんどちらの説が正解かはわからない。人によって答えが違うのかもしれないし、全部正解であるのかもしれない。だが、一つだけ確かなのは、祝詞や呪文は一つ一つの言葉や音のもつ呪力をいい塩梅《あんばい》に組み合わせるレシピのようなものだということだ。和音の響きのように、好きな音や言葉を一つ一つ選んで、それを組み合わせ、その時々の自分に合った祝詞や呪文を奏でることも可能なのである。

十言《とごと》の神呪《かじり》と十種神宝《とくさのかんだから》

邪念や邪気を祓う最高の言霊とされ「十言の神呪」とも呼ばれる「あまてらすおほみかみ」は、言霊的にどのように解釈することができるであろうか。

同様に小笠原説を採用して解釈すると、「水風井」「沢天夬」「地雷復《ちらいふく》」「水火既済《すいかきせい》」「水風井」となる。それぞれ潜在力、決断、回復、完成、潜在力を意味する卦である。潜在力を最大限に駆使して、決断、回復、完成を祈る呪文という意味になる。

松下説を採用して解釈すると、「無限」「真実」「方法」「不確実性」「拡散から個へ」「個の総称」「展開の可能性を含む潜在力」「現れる」「創造力」「現れる」となる。これらの要素を組み合わせると、「無限の真実を得るために、不確実に拡散するエネルギーを個に集め、我々のもつ潜在力を現出させ、創造性を発揮させてください」とも読める。

安井説の場合は、一つの解釈として「開・間・照・震・透・下・包・満・強・満」となる。「宇宙の扉を開き、そのエネルギーをこの空間に照らし、震わせ、透過させて下らせ、包み込むように強く満たしてください」というような意味になるだろうか。

十種神宝

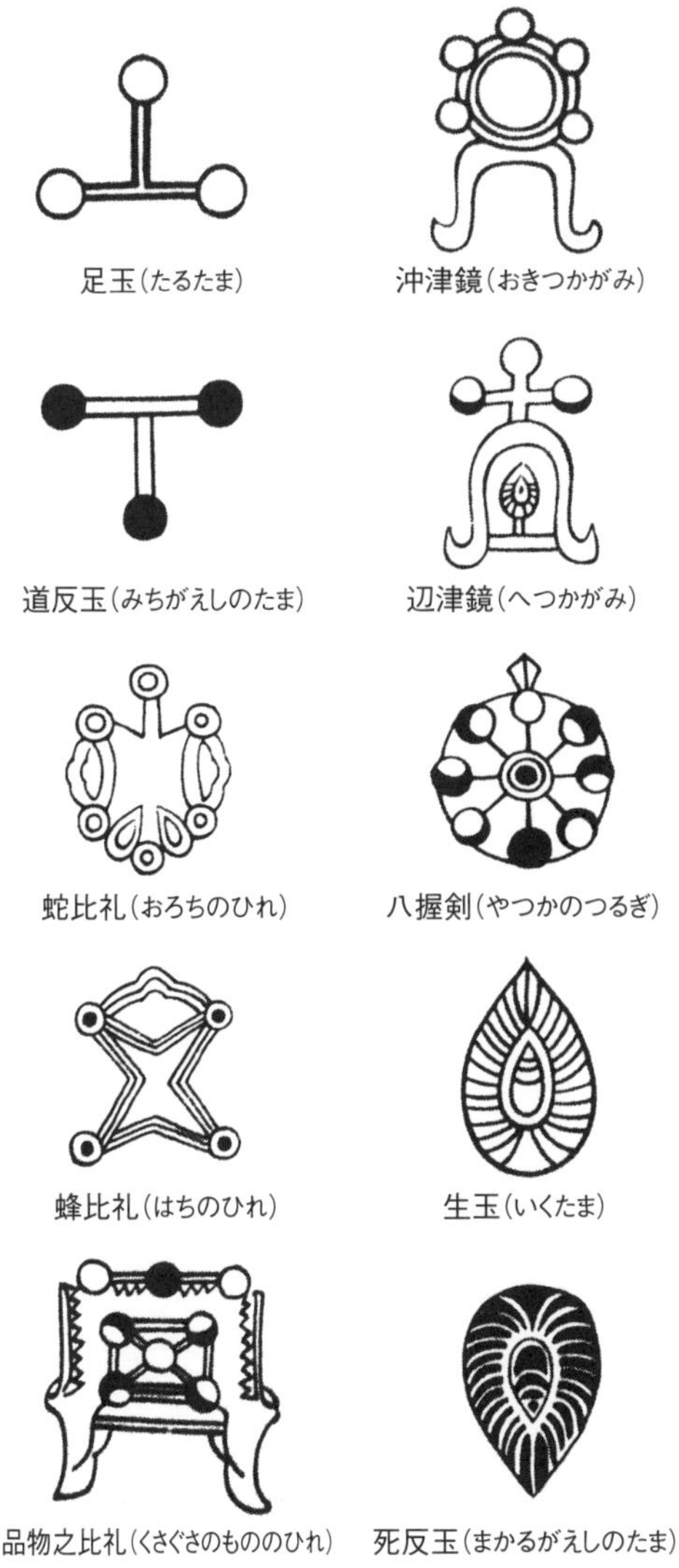

比礼の神代文字

蛇比礼

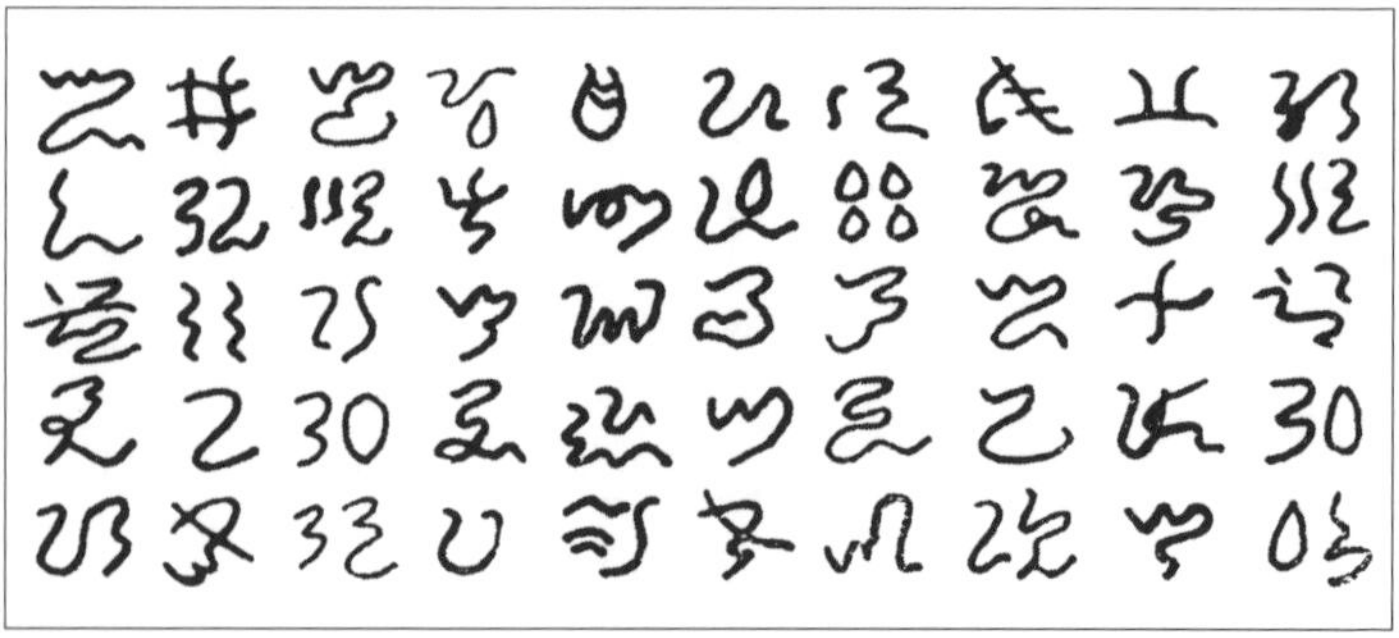

蜂比礼

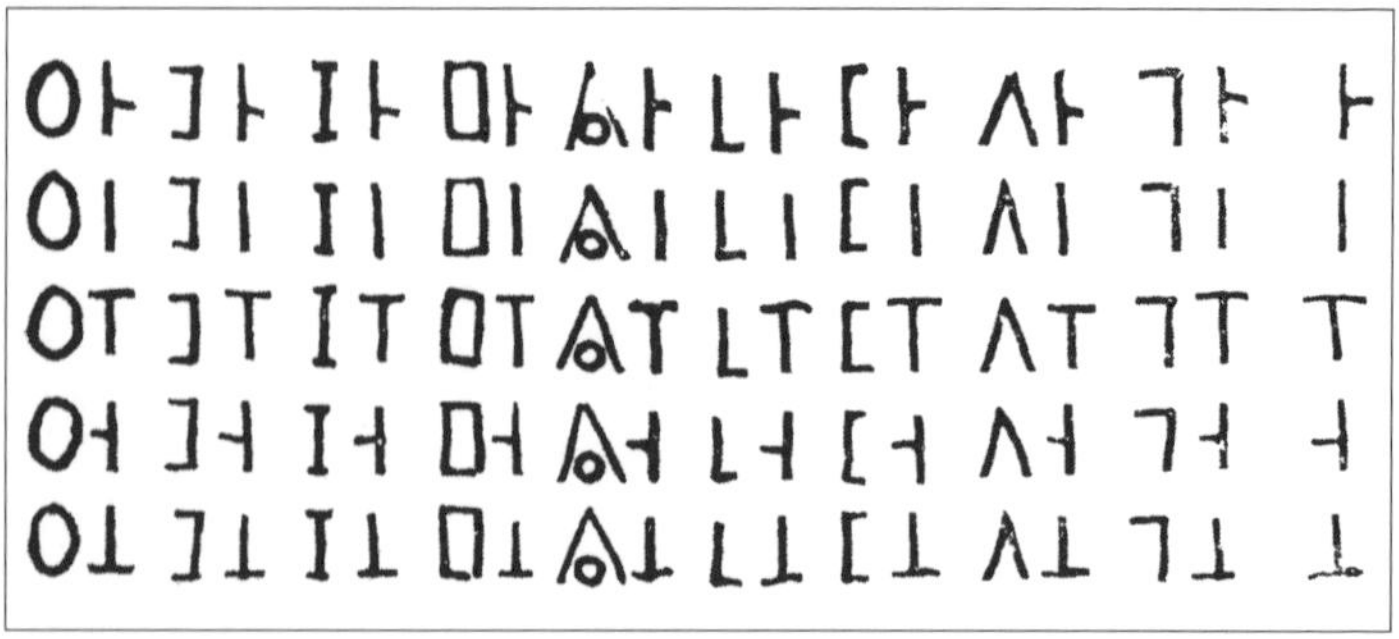

品物之比礼

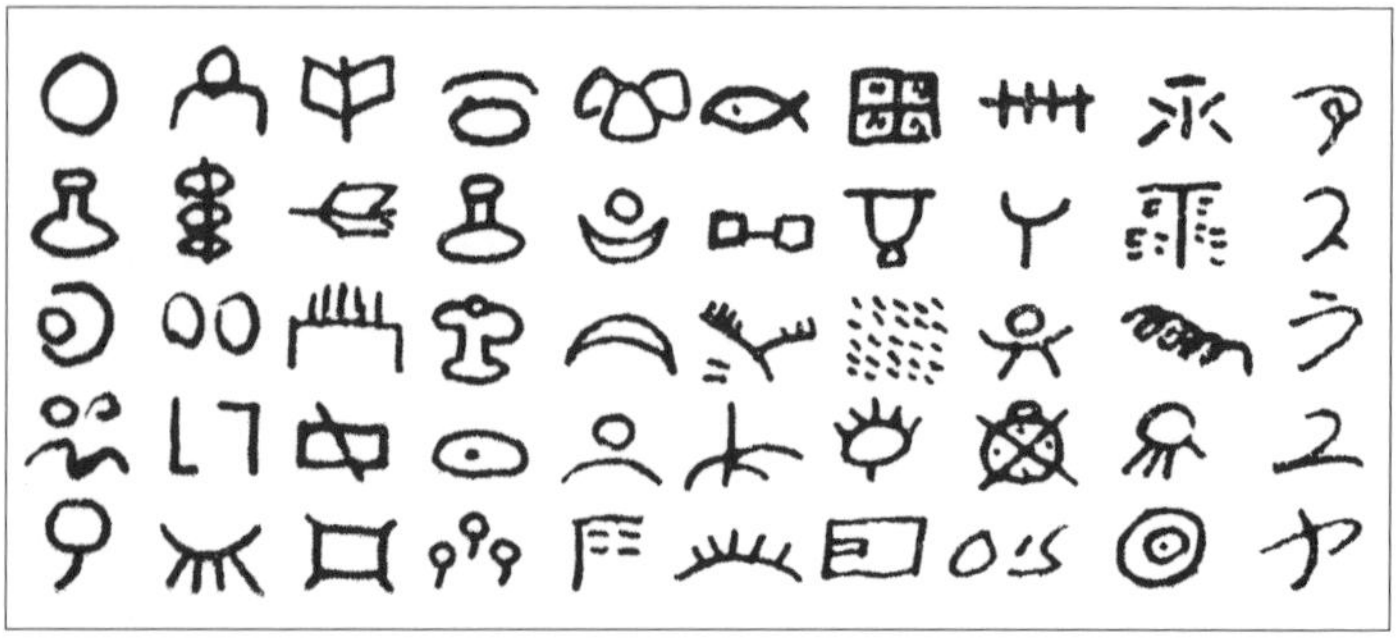

いずれも、見えない力を呼び込んだり潜在力を引き出したりする呪力が隠されているように思える。その目に見えない呪力をシンボルにしたと思われる形も残っている。

昔から残っている呪術として、非常に重要なものを象徴的に込めたと見られる「十種神宝」という文様もしくはシンボルがある（151ページ）。何か重要なものだと思われているが、実際に何を意味するのかは諸説あり、はっきりしていない。

そのなかで「比礼《ひれ》」と呼ばれる形状のシンボルは、言霊と相対する神代文字の種類であったと『言霊百神』を書いた小笠原孝次は解析している。比礼とは、霊を顕在化（文字化）させた「霊顕《ひれ》」の意義であると小笠原はいう。おそらくこの解析は正しいと思う。神代文字はある種、言霊を表現した象形として古くからあったのだ。単に言霊を絵にしたというだけでなくて、霊的なシンボルとしての意味とか呪具としての意味合いがあるのではないだろうか。

波形と十字形——シンボルとしての図形がもつパワー

文様や記号にもさまざまな呪術が隠されている。

波の文様は、海神を奉った神社で神紋として用いられた。戦国時代の武将たちも、戦いの動きを、寄せては返す波の動きになぞられて、好んで旗印や武具に波紋を使ったという。

波は海神のシンボルであると同時に、もっと根源的にいえば、私たちの生命力のシンボルでもある。先祖を指す場合もある。いずれにせよ、日本人の根源にあるものとして、尊ばれた。鳥の文様は、自由に羽ばたく、感情や心の賑やかさやあでやかさを表わすシンボルである。そのなかでも「鳳凰《ほうおう》」が神格で、いちばん厳かな喜びを表わし、「鶴」は吉祥でおめでたいとされ、「千鳥」は日常のよくある喜びを表わしている。

十字など線が交差する文様は、その交差する場所に特別なものが宿ることを示している。普通の十字であれば、神々しい幸や福が宿ることを意味し、これに対し、十字を斜めにした「×」の印は、そこで止める強い力を表わす。だから右旋にせよ左旋にせよ、卍（まんじ）マークを斜めにして、×字型に交差させるのは、問題があった。ナチスのカギ十字は最初から間違っていた可能性があるのである。

また、左旋と右旋の卍を合体させると、「田」となる。大地の恵みをいただく聖なる場所という意味が卍には隠されているのである。ギリシャ十字にも同じような意味がある。

文様のモチーフとしてよく取り上げられる「龍」は、集合的無意識（ユングが提唱した概念で、無意識の深層に存在する個人の経験を越えた先天的な構造領域。人類の長い歴史のなかで普遍化した共通のイメージがその領域にあると考えた）の非常に激しい部分と、力強く、優しく人に寄り添う部分の両面を表わしている。

そうした複雑さをもった、龍に代表される生命力が表層化してくるときに、さまざまなぶつかり合いや欲の闘いを生み出す。その複雑さを表わすために、八岐大蛇《ヤマタノオロチ》のように龍は多頭で描かれることが多いのである。龍も人間の基本的な生命力を表わしている。それも「水」と絡めて考えられたのである。

「馬」も模様のモチーフとしてしばしば使われる。これは「火」の象徴だ。非常に激しく動き回ったり、飛び回ったりするエネルギーを表わしている。表層化してくる人間の力でもある。馬の他に鹿、兎《うさぎ》なども同様なシンボルとして使われる。豊かな人間の力が表に現れてきていることを意味する文様である。魚も「火」、易でいうと「離」の象徴だ。

火の象徴のなかでも、鹿や兎や馬は感情そのものを表わしているのだが、これらはどちらかというと、周りの人と喜びを共有したいという感情や、うれしくて跳ね回るような感情と結びついている。魚の場合は、その感情が形になって資産として残ることを示している。感情がお金になったり物質化したりすることの象徴でもある。

それは、昔から魚が最も便利な食べ物だったことと関係している。古代の日本や中国では、魚は食い扶持《ぶち》としての重要な資産であった。「酒と肴《さかな》」という言い方をするが、まさに魚が酒宴には欠かせない食べ物であったからだ。

松竹梅は寒い時期に、濃い緑、青みのある緑、桜色の「色を保つ植物」として重宝された。そこから逆境に強い縁起物として好まれるモチーフとなったのである。もともとはペルシャ（古くはシュメール）の神紋であった菊紋も、霊的な強さの象徴として使われる。吉祥を表わす霊的な象徴としては、桃もよく使われる。葡萄《ぶどう》は、実りや豊穣を表わすシンボルとして珍重された。

唐草模様《からくさ》は、渦巻きを交互に激しく描くことによって魔が祓われると考えられ、使用された。インドのペイズリー柄もそうだが、唐草模様のような複雑な柄を描くことによって、描かれたものには魔が憑《つ》かないとされた。

耳なし芳一《ほういち》の体に梵字《ぼんじ》を描いたのも、この呪術を利用したものであった。雲の文様も、渦巻きの連鎖模様と見なされ、魔除けに使われることが多い。

色の呪術 ―― 地域や時代によって変わるのか

東洋では四つの方位に色があると考えた。四神相応《しじんそうおう》でも知られているが、すでに説明したように、ドイツのライヘンバッハの研究でもそれは確かめられた。北は黒、東は緑と青、南は赤、西は白、金銀だ。では、それぞれにどのような呪力が隠されているのか説明しよう。

黒は、潜在意識からの直感力を引き出す色である。霊的能力を引き出す色といってもいい。

黒は、国や文化によって悪い色だとか不吉な色とされたり、あるいはセクシーな色とされたりする。だが黒は、潜在意識のいちばん奥深くにある直感的な情報を引き出すような呪術的な力があるとされている。だからこそ、信者の心に寄り添う立場にある聖職者は、黒を着る場合が多い。重要なものを黒で包むのも、黒に霊的な力が宿っていると考えるからである。

日本でも、霊的な世界につながっているとされる先祖たちの位牌《いはい》を、黒地に金で書くことが定番となっている。

東の方位の青または緑は、人間関係や集合的無意識を表わす色である。人と人とをつなげる呪力のある色だ。この色には霊的な世界そのものが表わされており、日本でも青を霊的な世界とみる動きがあった。黒が霊的な世界からいちばん奥深い叡智を引き出す呪力をもつとしたら、青は霊的世界そのものを私たちに感じさせる色なのだ。霊的な幽玄《ゆうげん》な色が青なのである。

赤は、私たちに心の表層、すなわちいちばん表面的に出てくる感情を意識させる色だ。赤は人を興奮させる。よくスポーツ選手が決勝戦などの大事な試合で赤を着るが、それは自分が赤を身に纏《まと》うことによって感情を高めて奮い立たせ、爆発的な力を発揮させる呪力であるわけだ。着ている人とそれを見る人の両方に呪力が効くので、両者が興奮するという現象も起きやすくなる。また、赤を着ている人は異性にもてるという心理学上の統計結果が出ることが、米国のロチェスター大学や、イスラエルのテルアビブ大学の研究でわかっている。

白は、自然な状態で、ずっと循環するものを意味する色である。絶えず流れるもの、たとえば情報もそのひとつだ。「金は天下の回りもの」というように、お金も循環する。広く遍在してゆっくり動く水（湖や沼）や、人から発せられる言葉なども白が表わすもので、白にはその循環を強める呪力がある。

別の言い方をすると、白や金銀など明度や輝度の高い色は、私たちの心を解放的にして、お金や言葉、情報を放たせる力を強めるのだ。同時に情報やお金を引き寄せたり引き戻したりするのも、白や金銀の呪力なのである。

現在は葬式といえば黒装束《くろしょうぞく》が当たり前になっているが、古来、日本では喪服は白だった。日常（ケ）と非日常（ハレ）で区別し、出産、結婚、葬式はハレの日で（民俗学では葬式をケではなくハレとする）、その日には白装束であったのだ。

奈良時代の七一八年発令の養老律令《りつりよう》により、「天皇は直系二親等以上の喪の際には、黒染めの色を着用する事」という喪葬令《そうそうりよう》が定められたことから、一時期、黒の喪服が広まった。その後、室町時代に白装束が復活した。黒染めは手間と金がかかるからであった。アジアでも喪服は白装束であった。明治維新政府の欧化政策の一つとして西洋の葬祭儀礼にならって、再び黒装束が広められた。汚れが目立たない黒が好まれたことも背景にある。このように風習は、当初の意味が失われ、時代とともに変遷《へんせん》してしまうものなのだ。

では、なぜ昔はハレの日に白装束だったのか。その背景には、自分をある種の大きな流れ（循環）の一部として捉えることにより清らかにするという呪術があるからだったように思われる。自分を自然界の循環の一部にする、すなわち自分を無に近づける特別な日には「白」が適しているのだ。

万物は流転する。死は終わりではなく、新しい生へと移り変わる。そのような死生観が葬式にあってもいいのかもしれない。

6章

言い伝え・ことわざに隠された呪力

縁起の良し悪しを暗示する――

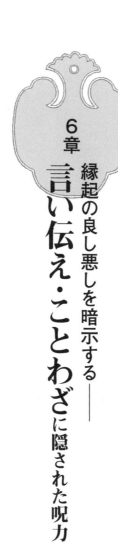

心が後ろ向きになることを防ぐヒント

日本に古くから伝えられている「ことわざ」や「伝承」に隠された呪術性には、西洋のポジティブシンキング的なものというよりは、落ち込みをどう食い止めるかといったディフェンス的なものが多い。どうすれば落ち込まないか、後ろめたくならないか、を教えてくれるのが、ことわざや習わし、神話や伝説といった伝承であった。

そもそも「罪」の語源は、包み隠すことである。包み隠さないでいい生き方をするにはどうすればいいか、というヒントが習わしやしきたりのなかにあるのである。とくにジンクスやことわざにはそれがある。非常に呪術的なものが含まれている。具体的に説明しよう。

ジンクスと「約束呪術」――霊的かつ実用的な意味がある

「勝ち続けている間はヒゲを剃らない」とか「勝っている間はユニフォームを洗わない」とか、ジンクスや験担《げんかつ》ぎでは、一見不合理な状態をそのままにしておくことが多い。これらは「約束呪術」と呼ばれる。何か約束をするときに「自分はこれだけのことをやるから、あとは助けてください」と頼むからである。「これをすれば、あるいはこれをしなければ、約束が叶う」と願をかける。

何かをする約束でも、しない約束でもいい。何か一つのことを決めてやり遂げることは、意外とたいへんなことだ。たとえば、毎朝起きたら鼻の頭を三回撫でるという約束でも、それを三か月連続でおこなうのには非常に大きな苦労を伴うのである。それだけ代償を払うわけだから、その代わりに何かをしてくださいと神仏に願うのである。「代償呪術」ともいう。

期間や回数を決めて、何かをする。百度参りがこの例だ。日付を決めて願をかけることもある。「日切り呪術」だ。

回数切り、時間切り、約束切り、そして指切りである。こうした約束をすることによって、潜在意識を活性化させるという呪術体系がある。願をかけるタイプの呪いがある。

タブーを決めて犯さないというのが「約束呪術」の本質だ。そのほうが「何かを成し遂げたから得られるのだ」というイメージは思い描きやすいのである。「やり続ければ、それを成し遂げられるのだ」と私たちはいつも自分自身に暗示をかけている。それを逆手に取ったのが、約束呪術であるともいえる。

下駄《げた》の鼻緒《はなお》――切れたら本当に不吉なのか

モノが壊れる、使えなくなるという現象は、呪術的なしきたりでいうと、その人が何かにこだわっているときに発生する。その人のなかの「偏り」がピークに達したときに、モノが壊れるのである。

だからそういう場面に出くわしたら、自分のなかでどのようなこだわりがあって、その思いを捨て去ればいいかを考えるべきなのだ。

たとえば、歯を磨こうとしたら、思いがけず歯磨き粉のチューブの中身がなくなっていたことがあったとする。そういうときは、改めて自分のなかにある「わだかまり」や「こだわり」が何かを思いめぐらす必要があるのだ。

下駄の鼻緒が切れるというのも、同様である。その現象自体は不吉でも何でもない。それは、自分の心のなかにある障害の現れであると考えるべきなのだ。とくに靴とか下駄といった足に履くものは、将来のことを表わす。だから朝、その靴の紐や下駄の鼻緒が切れたときは、今日出かける先では、こだわりやわだかまりを捨て、控えめに過ごさなければならないことを暗示しているのだ。

だから、性急に新しいことを始めないことが重要になる。新しいことを始めるなら、まず、こだわりやわだかまりを捨て去ることである。

逆に今日どうしても通さなければならないとか、頑張らなければならないときには、靴をよく磨いてから出かけると良い。あたらしい靴や下駄を新調してもいい。「足」は体より先に進む「未来」だけでなく、「お足」といってお金の象徴だ。その履物に異常があるときは、お金と未来に気をつけろというサインなのである。

足を丁寧にマッサージするだけでも、お金の運はよくなる。足は大事なので、自分でもよくいたわってやることだ。

三日月形のお守り ―洋の東西を問わない不思議

古今東西、三日月形をした幸運のお守りとされるものがある。日本では、刀を飾ることによって、子供の発育や経済的な豊かさ、会話力の上達を祈念した。

西洋では馬蹄鉄《ばていてつ》がお守りアイテムとして有名だが、馬蹄がないところでは、クロワッサンを食べたり、餃子を食べたりする。これらは易でいうと「三日月形」に相当することから「兌《だ》(沢)」となる。兌が象徴するのは、経済(お金)と子供、それに言葉の発達・発展である。

三日月の形が、洋の東西を問わず、財が富み、子供が育ち、言葉の能力やコミュニケーション力が発達することを願うシンボルとされていることは、実に興味深い。

噂されるとくしゃみが出る ―なぜ、咳払いと表裏の関係にあるのか

噂されているとくしゃみが出ると、古くからよくいわれる。109ページでは「思われくしゃみ」

について述べたが、くしゃみにはどのような呪術が隠されているのだろうか。

面白いことに、誰かが話をしているときに、その人がいってはいけないことをいうと周りの人が咳払《せきばら》いをして、その話を止めようとすることはよくある。咳払いは言葉を止める呪術なのである。

これに対して、くしゃみは、誰かが余計なことを話していることによって、自分が影響を受けたときに起こる現象なのだ。影響を受けるとくしゃみとなり、その影響を止めようと思えば咳払いをすればいいわけだ。くしゃみと咳払いは裏表の関係にある。

このように、言葉を抑制したり、言葉を余計に感じたりする呪術体系のなかで、くしゃみと咳は使われるのである。

「三度目」の霊的意味――神社の参拝は三拍手であるべき？

「三度目の正直」「二度あることは三度ある」「仏の顔も三度まで」など、「三度」はジンクスやことわざによく出てくる要素である。そこにはどのような呪術があるのか。

呪術では、「三回唱えると、現れる」とされる。つまり、三回唱えたものは、何でも実現しやすくなるのである。それを倍にして六回唱えろ、という呪術もある。

それは「三」という数字が、非常に潜在意識を刺激する数字だからである。易でいうと、三は「火（離）」だ。火は「日」や「靈《ひ》」に通じることからわかるように、人間の霊的な強い部分を表わす。

神社のお参りも本来は三拍手がいいのかもしれない。「参拝」というくらいだから、三拝三拍手がいいようにも思える。「九」は神の数字とされるから、三拍手、六拍手、九拍手があってもおかしくないはずだ。何度もお辞儀することを指す「三拝九拝」という言葉もある。

だが、現在では出雲大社などを除き二礼二拍手のところが一般的になっている。そのルールをあえて侵すべきだろうか。そこで考えついたのは、二拍手であえて止めるという呪術である。三拍手して神や神の力を呼び出すことができるかもしれないが、「私はそのような大それた人間ではありません」と一つ隠して、心のなかで三拍手目を唱えるのである。

そのほうが三拍手をして顰蹙《ひんしゅく》を買うこともなければ、本人が傲慢《ごうまん》になることもない。謙虚に二拍手して、三拍手目は心のなかで思い描けばいいのである。それが本当の「参拝（三拝）」のしきたりではないだろうか。

ことわざ スピリチュアルな教訓の読み取り方

▼「叶わぬ時の神頼み」

ことわざは、長年の間、続けてきた風習や習慣、そしてしきたりから学び取った教訓を言葉にしたものだ。当然、その背後には呪術的な要素が込められている。ここでは、霊的なメッセージが隠された呪術的なことわざを選んで、それを解説しよう。

「叶わぬ時の神頼み」――平素は神を拝まない者が、困ったときにだけ神の助けを頼みにする様を揶揄《やゆ》したときに使われたりするが、ここにも呪術的な真理が隠されている。

願望を実現させたり霊的なインスピレーションを受けたりするための、「準備呪術」というものがある。その「準備」の儀礼においていちばん必要なのは、とにかく最初はできるところまで「緊張する」、あるいは「研《と》ぎ澄ます」ということだ。そして本番ではその緊張感や研ぎ澄まし感を手放すのである。緊張と弛緩《しかん》。できるだけ強く握りしめて、あとは手放して神に委ねるという感じであろうか。

一九〇五年の日露戦争の最中、日本艦隊の作戦参謀だった秋山眞之は、ロシアの「無敵バルチック艦隊」を迎え撃つべく作戦を練っていた。だが、ロシア艦隊がどのような進路を通ってくるかわからない。敵の動きがわからない秋山は、悩んだ末に疲れ果てて、つい居眠りをしてしまった。すると、彼の目の前に対馬海峡が現れ、そこにロシア艦隊が二列になって進行してくるのが見えたのだ。これを予知だと確信した秋山は対馬海峡に主力をあつめて迎撃態勢を整え、無敵を誇ったバルチック艦隊を見事に撃破したのであった。

生前に本人が語った有名なエピソードだが、まさに万策尽きて脱力（居眠り）したときに、「神慮」が現れたわけである。

願望を実現したいがあまりに、その願いを手放さずに固執すると、実現しないものなのだ。「人事を尽くして天命を待つ」ことが、願望を実現しやすくする呪術なのである。

▼「大吉は凶に還《かえ》る」

このことわざは、吉の過ぎたるはかえって凶に近い、という意味で、似たことわざに「最上は幸福の敵」「過ぎたるは猶《なお》及ばざるが如《ごと》し」がある。

最高の状態になったときに、最高の状態だと思った瞬間に落ちることを意味している。反対に、最低の状態なのにもかかわらず、それでも自分を追い込んで研《と》ぎ澄ましていき、希望をもてば、最高になるのだ。最高と最低は、己の尾を嚙んだウロボロスの蛇のように地続きなのである。

そうであるからこそ、最高の状態のときは、いつ落ちてもいいように心の準備をしておくことだ。その状態をいつでも手放せるようにしておく。そういう精神状態が望まれる。逆に最低の状態のときは、次の瞬間には最高になるかもしれないという希望を失わないことだ。しきたりや風習のなかでは、これがいちばん重要な呪術なのである。

ほかにも、これに関連したことわざは多い。「勝って兜《かぶと》の緒《お》を締めよ」とか「人間万事塞翁《さいおう》が馬」とか「好事魔《こうじま》多し」などにも、その呪術が隠されている。

易でも「窮《きゆう》すれば通ず」といって、行き詰まって困り切ると、かえって活路が見いだされる場合があると説いている。というのも、追い込まれたら、必ず変化するからだ。変化すれば通るのである。変化を待つのも呪術なのである。また、変化をさせるために、ぎりぎりまで自分を追い詰めたり追い込んだりするという呪術もある。

物事はすべて波であり、サイクルとなって流転するのだ。「塞翁が馬」の故事が教えているように、一喜一憂《いっきいちゆう》する必要もないのである。

▼「鉄は熱いうちに打て」

辞書に書かれた意味は「少年よ、大志を抱け」と同じで、若いときに、あるいは体力のあるうちに、いろいろなことをやっておけ、ということだ。だが、オカルト的に解釈すれば、必ずしも若さには関係がない。吉凶は、波のように寄せては引いていく。それはサイクルを成しており、いまがサイクルのどこにあるのかを見極めて、来《きた》るべきチャンスに備え、やるべきことをやっておかなければならないという意味となる。

たとえば、博打《ばくち》の世界では、運がいいうちは次々に勝負に出たほうがいい。そういうときは、一つ運が良かったからといって、それで満足してはいけない。運がいいときは、運が落ちるぎりぎりまで攻めることだ。そして潮目が変わったと思った瞬間に、まだ余裕のあるうちにやめるのが、博打の極意であり、呪術なのである。

「出る杭は打たれる」

これは先述した「準備呪術」に近い。「いま、最高の状態にある」などと公言したら、結局誰かが妨害するのである。伸びきったときにつぶされるのは、他人の嫉妬が生じるからだ。

この呪術があることを知っていると、いろいろな応用ができる。たとえば、お金持ちのユダヤ人は、あまりお金持ちの恰好をしないといわれている。つまり、人の嫉妬を避ける呪術を実行しているのだ。「能ある鷹は爪を隠す」のである。

金持ちになったからといって、それをひけらかし、天狗になっているようでは、鼻持ちならない。いつかは誰かに足をすくわれる。それを戒める呪術が、このことわざに隠されているのである。

「早起きは三文の得」

似たことわざに「朝早く起きる者には神が手を貸して助ける」というのもある。早起きすると運が良くなるということわざはいくつかあるが、ここに呪術があるかというと、私は少し否定的だ。どちらかというと、ここにあるのは儒教的な考え方で「下々の者は早く起きて、労働しろ」といっているように聞こえる。支配階級によるプロパガンダのにおいがする。

ただし、朝起きたときは霊的な能力が出やすい。夜寝る直前と朝起きた直後が、能力開発の「ゴールデンタイム」といわれている。そうでなくても、朝起きたときは頭も体もリフレッシュしているわけだから、よほどの低血圧でない限りは、朝からどんどん仕事をすればいいのではないだろうか。

また、朝早く起きて朝日を見ると運が良くなるというのは、呪術的に見ても正しい。科学的に見ても、午前中に日に当たることによってでしか作動しないホルモンが体のなかにいくつかあって、重要な働きをしている。だから早めに目を覚まして、朝日を浴びることは理にかなった呪術である。短時間でいいから、朝、太陽の日の光を浴びることだ。三文得するとは思えないが、健康運がアップすることは確かである。

7章

遊び・わらべ歌に隠された呪力

動作や歌詞に込められた神秘――

子供に「見えない世界」を教える

子供の遊びやわらべ歌には、呪術性が隠されている。隠されているというよりも、むしろ呪術性について子供に教えるために伝承されたようなものといえる。

幼少のころから、歌ったり遊んだりして、無意識に刷り込まれていく、その歌詞や所作の意味を、大人になって改めて問い直すと、意味不明だったり、不気味に謎めいているものも少なくない。

これらについては、2章同様、民俗学的な見地からそのルーツを探った書物も多くあるが、ここでは、さらに一歩も二歩も踏み込んで、スピリチュアル的にその実用的な意味を探っていきたい。

かごめ唄――神降ろしの意味があった

かごめかごめ　籠《かご》の中の鳥は　いついつ出やる
夜明けの晩に　鶴と亀がすべった
うしろの正面だあれ？

かごめ唄のように、一人を囲んで輪になる遊びも、呪術的な効果がある。東北では「地蔵降ろし」と呼ぶ。実際に真ん中に子供を置いて目隠しをして、周りで特定の歌を歌いながら回る。最後に「後ろの正面誰？」と聞いて、それを本当に当てられた人には、本当にお地蔵さんが掛かって（降りて）きたことを知る手段であった。つまり、かごめ唄の遊びは、巫女の透視能力を判定する簡易選別法であったわけだ。

東北では地蔵様は、オオクニヌシノミコトのように見えない世界の意志だと考えられた。見えない世界に秘められたものを象徴するその地蔵と、交信ができる子供に聞いて、「来年は豊作かどうか」「生まれてくる子供は男か女か」などを占ったのが事の起こりであるといわれている。それが童謡として残ったのだ。東北にはそういう風習が多い。

民俗学者・桜井徳太郎（一九一七〜二〇〇七）によれば、東北では巫女《みこ》が代々継承されていく伝統があり、先輩の巫女が後継者の巫女を探す風習があった。その後継者選びにも二つ方法がある。小さいときからエリートとして育てる巫女と、途中で成人してから入れる巫女の二通りがある。その二つの方法で選ばれた巫女は、明確に区別されており、小さいうちから仕込んだ巫女が神懸かったときに、床の間においた鏡餅が大音響とともに真っ二つに割れるのだといわれているのだ。鏡餅は依《よ》り代《しろ》であり、神様が宿るものと考えられてきたからである。そのために鏡餅という文化があったのだとさえいわれているのだ。

籠目《かごめ》という文様にも、霊的な力、神の力が秘められている。その籠のなかにいる鳥とは、「十《と》の理《り》」のことではないだろうか。いわゆる「十戒」である。あるいは一般に鳥と呼ばれるものは、鳳凰《ほうおう》や朱雀《すざく》といった霊鳥ではなく「酉《とり》」、すなわち鶏など飛べない鳥を指す。易でいうと「兌」である。

「籠のなかの鳥」は、一つの解釈は必ず守らなければならない十の戒めや理《ことわり》を指すとともに、易で読み解けば、籠に仕舞われた重要な情報という意味にもなる。では、籠に隠された重要な情報は何かというと、「金銀財宝」という意味もあれば、親から子へと連綿《れんめん》と受け継がれていく霊的な能力のこともあれば、選ばれた巫女が守らなければならない「十戒」であったりするわけだ。

時は夜明け前の月と太陽が出会うとき。鶴《つる》と亀《き》は合わせて「剣《つるぎ》」と読む。「剣」は193ページで詳述するが、「約束」の意味がある。巫女になることを約束された子供が「かごめ唄」によって選ばれたのである。

てるてる坊主――人形を使った呪術であった

てるてる坊主　てる坊主　明日天気にしておくれ
それでも曇って　泣いていたら　そなたの首をチョンと切るぞ

てるてる坊主を吊《つる》すのは、代償を捧げることによって、自然をコントロールする呪術だ。自然をコントロールしようと思ったら、人もしくは人形《ひとがた》を使う。人形には、イメージを増幅させる呪力があるからである。

かつては「人柱」と呼ばれる生贄《いけにえ》の習慣があったとされる。一方で、それではあまりにも不憫《ふびん》だからと、埴輪《はにわ》を使う場合もあっただろう。さらに簡略化されたものが、人形に紙を切った紙人形だ。てるてる坊主も人形の代用物である。

かといって、てるてる坊主のおかげで晴れるわけではない。てるてる坊主に晴れのイメージを込めることによって、そういう運命を呼び込みやすくなるということなのだ。あくまでもイメージ力の勝負である。人形のモノを使って、そのイメージを強めるのが狙いだ。

晴れやかな念が人形によって強まれば、同じような性質の天候を引き寄せるという現象が起きる。同質結集のようなものだ。逆に塞《ふさ》ぎこんだイメージをもったときに呼び込む可能性が強まるのが「涙雨」である。

悪い運命を人形に宿らせて、代償として川や海に流すという呪術もある。すでに紹介した「流し雛」がそれである。

人形はとにかく、強いイメージをつくりやすい形なのである。人の写真にもその力がある。聖なる人の写真を飾ったり、好きなスポーツ選手の写真を部屋に貼ったりするのも、自分がこうありたいというイメージを強くもつことができるからである。学校の音楽室にベートーヴェンなど著名な作曲家の肖像画が飾られているのも、西洋音楽への理解と熱意を高めるための呪術的な人形のシンボルともいえる。

親しい人が亡くなったときの喪失感を埋めるために、人形のモノを置くということも呪術的な効果がある。死んだ人を思い出す種となる遺品を「形見」というのは、そのためである。「形見」とは、そこに人の形を見ることである。愛する人を亡くしたときには、人形のイメージで補うしか、心を癒やす方法はないのである。

通りゃんせ――「怖いもの」の正体を教える

通りゃんせ　通りゃんせ　ここはどこの細道じゃ
天神様の細道じゃ
ちいっと通してくだしゃんせ
御用のないもの通しゃせぬ
この子の七つのお祝いに　お札《ふだ》を納めに参ります
行きはよいよい　帰りはこわい
こわいながらも　通りゃんせ　通りゃんせ

子供の遊戯には、呪術的なものが隠されている。その呪術性を後世に残そうとして、子供の遊戯に託した場合が多いのである。「通りゃんせ」に隠されているのは、箱根の関所越えの厳しさを歌ったのだという説もあるが、基本的には「天神様の祟り」がメインである。怖いものは何か、ということを子供に教えようとしたのではないかと思われる。

それは「怪談噺《ばなし》」と同じである。人を殺《あや》めるなど、倫理に背《そむ》くようなことをすると、祟られることを諭すために語り継がれる物語なのだ。

ご存じのように、平安時代の貴族・学者であった菅原道真（八四五〜九〇三）に関しては、無実の罪に陥れられ、不遇の最期を遂げた話が伝わっている。醍醐《だいご》天皇の時代に右大臣にまでなったが、九〇一年に藤原時平《ふじわらのときひら》の讒言《ざんげん》により大宰権帥《だざいのごんのそち》に左遷され、無念のうちに配所で没した。

ところが彼の死後、讒言をした時平がほどなく亡くなり、さらに時平の陰謀に加担した者が雷に打たれて亡くなるなど種々の怪異現象が現れた。そのため、菅原道真公（菅公）の祟りであると恐れた関係者によって、菅公は御霊《ごりょう》として北野天満宮に祭られ、後に「火雷天神《からいてんじん》」や学問の神として尊崇されるようになったのである。

人を陥れることがいかに怖いことであるか、その教訓を後世に知らしめるために、「通りゃんせ」がつくられたように思われる。

同じような話は、天武天皇の孫で、七二四年に正二位左大臣に進みながら、藤原氏の讒言により自害させられた長屋王《ながやのおう》（六八四〜七二九）の非業《ひごう》の死にも通ずる。

長屋王の変の後、讒言した関係者が亡くなる異変が起きた。無実の罪を着せれば、それは因果応報の結果を招くのである。

「人に恨まれないで、願望を叶えていきなさい」という親の祈りがこの歌に込められている。また「通りゃんせ」のなかの「通る」「通らない」は、今日においては入学試験の合否にかけて使われるようになった。

「火雷天神」から得られる易の「火雷噬嗑《からいぜいこう》」という卦には、「強い力でじっくりとかみ砕くとき、問題や課題を後回しにせず、より良い習慣を身につけるなど段階を踏んで進めば、解決することができる」という意味がある。まさに学問の神としての至言ではないだろうか。

「どれにしようかな、天神様の言うとおり」にせよ、香川県琴平町《ことひらちょう》を中心に歌われたお座敷唄「金毘羅船船《こんぴらふねふね》」にせよ、「ずいずいずっころばし」にせよ、「じゃんけん」にせよ、勝ち負けや当たり外れを占う「子供の遊戯」には、どれも「願望を成就させる」とか「運を試す」といった呪術性が見てとれる。常に子供に運をチェックさせて、運に対する概念を培わせるという狙いがあったのではないだろうか。

加えて「花一匁《はないちもんめ》」のように、「どのような美しい花でも一匁（銭一枚）で売られてしまう」という不条理な現実世界の厳しさを教える意味もあったのかもしれない。

子供の遊戯には、そうした「怖いものは何か」というタブーを教える教育的意味合いもあった。「雷が鳴る日に外に出てはいけない」、「雷様におへそを取られる」とか、「人買いにさらわれる」とか、親の心配を反映したものであることが多い。そして同時に、怪談と同じように、目先の現実だけでなく、目に見えない力がこの世に働いていることを教えようとしたのだと私は考えている。

指や手による呪術

「印」で悪しき因果を断つ

一〇本の指がもつ霊的イメージ

昔は子供の遊びに指切りゲンマンや、不浄なもの（悪しき因果）を断ち切る意味と見られる「エンガチョ」など、指や手を使った呪術的な遊びが流行っていた。これにも深いわけがある。

というのも指はもともと、人間関係を表わす強烈なシンボルだからだ。

たとえば親指は、「一家の亭主」や「親方」として使われる言葉であることからもわかるように、親あるいは最も身近な人間関係を表わす。それが、小指に向かうにつれて縁が薄くなっていく。

具体的に挙げると、まず左手が男性、右手が女性を表わす。すると、左手の親指は男性の目上の人または父親と相対し、右手の親指は女性の目上の人または母親と相対する。人さし指は、そばにいる時間が長い他人で、同様に左が男性の他人、右が女性の他人となる。職場の同僚や上司、あるいは近所の人がこれに相当する。

中指は、家の血筋や霊的因縁、守護霊、先祖のことを示す。薬指は親戚縁者のことで、結婚指輪は西洋由来の風習だが、霊的に見ても、指輪をくれた人の親戚縁者になったことを象徴しているわけだ。小指は、結婚する前の「恋人」ということになる。

そのなかでも縁の深い親指、人さし指、中指を交差させたり接触させたりするしぐさは、場合によっては命にかかわるような大事な誓いや約束事の印なのだ。その約束や誓いの重要度が上がれば、その印は親指の側に移っていく。年神様など神様への祈りも、いちばん大事な親指や人さし指を意識するようにして手を合わせる。古代ローマ皇帝も、親指の上げ下げの印だけで、コロッセオで戦う剣闘士の殺生与奪を決めた。

▼指切りげんまんと小指の意味

指の印は、約束や誓いに関係するある種の呪術だ。そこにいろいろ付随して、遊び的な要素が加わった。約束のなかでもいちばん軽いのが、「指切りげんまん、嘘ついたら針千本の～ます。指切った」といいながら、子供たちが小指を曲げて引っ掛け合う「指切り」「ゲンマン（拳万）」なのである。

江戸時代の遊郭で、遊女と客が、その愛に偽りがなく不変であることを示す証《あかし》として、実際に小指を切断して贈っていたことがあったという。それが「約束を守る」という意味に変化して大衆に広まったとみられる。

室町幕府が一五一二年に定めたという「撰銭令《えりぜにれい》」では、銭に関係する違反者に対して男は斬首、女は指を切断するという罰があると記されている。約束を破った者に対する罰として指切りは存在していた。やくざの「落とし前」も、この刑罰に由来しているとみられている。

縁切りのしぐさ

親指を、人さし指と中指の間に入れて交差するしぐさは、「封印をすること」を指している。一三世紀ころの『平治物語（絵巻）』には、信西《しんぜい》（平治の乱で殺された平清盛の側近）一味の生首を見ている侍がこのしぐさをしている。ローマ教皇庁のシスティナ礼拝堂に描かれた、ミケランジェロ（一四七五〜一五六四）の『クマエの巫女』にも、このしぐさが描かれている。いずれも、汚いものや恐ろしいもの、不浄なものに遭遇したときに、思わず指をさしたり、見つめたりしたときにする「縁切りのしぐさ」ではないかとされている。

両手の親指と人さし指で輪をつくり交差させる印も、悪縁を断つ呪術だ。因果が「えんが」となり、エンガチョごっこになったとも考えられている。

親指や小指を隠す風習もある。これも悪い霊の邪眼で見られないようにするための呪術である。悪い霊から親子の血統を守るという意味がある。「霊柩車《れいきゅうしゃ》を見たときには親指を隠せ。そうしないと、親の死に目に会えなくなる」というのも、そこからきている。防御の呪術であると同時に、別の見方をすれば、それも約束や誓いを意味するのである。

西洋でも、梯子《はしご》の下をくぐり抜けなければならなくなったり、黒猫が目の前を横切るのを見たりしたときなどには、人さし指と中指を交差させる印を使う場合がある。危険な場所で、魔が入らないようにするためだ。蛇足だが、黒猫が横切ったときは、黒猫がいった方角にグルッと一周するという呪術もある。自分が回転することによって、「黒猫が目の前を横切る」という現象を帳消しにすることができるからだ。それだけ霊的な象徴である「黒いもの」が行く手を遮ることが不吉とされたのだ。

このように指を使った印には、霊統をつなげるという意味合いと、誰かと約束や誓いをするという意味合いがあるだけでなく、指を交差させることによって、何か嫌なものや不吉なものを見たときに、それを浄める呪力があると考えられたのである。それは十字を切るのと同じだ。交差させたところには聖なる力や幸福が宿るとされたからである。

▼人さし

人に指をさしてはいけないというのは、語呂からきている。「さす」は「刺す」に通じるからだ。指さしは悪い呪術の使い方である。「陰で悪口をいう」という意味の「後ろ指をさす」のも、指さしにはそうした呪力があることを示している。

手を使った呪術と「魄《はく》」使い

手も指と同様に、呪術を使う際になくてはならない要素である。手かざしによるヒーリングや九字《くじ》（次項で解説）などの印を切ったりすることも、指と手を使う。昔の人たちは、こうした呪術を愛《め》でもしたし、恐れもした。

恐れた場合は、首を切ったり手を切ったりして術を封じ、愛でた場合はその人が死んだ後も手を大事に保管したりしたのである。真偽のほどはわからないが、千葉県香取《かとり》市にある切手神社の由来は、出雲族に伝わる「息呼せ」という技法を、時の権力者に伝授するのを拒否した物部《のべ》一族（大根一族）の手を切ったからだという話も伝わっている。

罪人の切り取られた手を燭台《しょくだい》にして呪いをかけるという恐ろしい呪術もある。死後も手に残った、罪人の「魄」を利用して、呪術をかけるのだ。

ミイラ信仰もその発想に近い。ミイラには魄が宿るからだ。その魄の宿るミイラに向かって願をかけるのである。即身成仏《そくしんじょうぶつ》したミイラの衣をお守りにする習慣があるのも、同様の考えが根底にある。

なぜそうなるかというと、魄自体はニュートラルなエネルギーのようなものだからだ。魄は怨念とは違う。だが、怨念が魄にのることはある。悪い念だけでなく、魄には良い念も宿ることがある。魄は精神力や念を強化する中立的な素材だと思っても間違いではない。つまり、その魄に念を入れることによって、魄というエネルギーを自分の思う方向に使うことができるのである。

実際に昔から「魄使い」ともいうべき人たちはいた。だが、魄を使いこなすのは、非常に難しい技術である。先述した怪奇小説『猿の手』も、比喩的には、魄を使いこなすのは至難の業《わざ》であることを物語っている。

エジプトでは人間だけでなく、ワニなどの生命力の強い動物もミイラにした。こうしたミイラも、おそらく呪術的に使われたはずだ。現代の私たちも、実は強い生命力をもつ動物の死体には「魄」が宿ることに気がついている。だからこそ、ワニ革の財布や服を身につけたりするのである。ワニ革に宿った魄を、魔除けや招福の呪術に使えることを薄々感づいているのだ。

また、魄の宿ったワニ革の服を着ることにより、自分を魅力的に見せることもできる。ファッションはそもそも呪術的なのである。

生きとし生けるすべてのモノには魄がある。植物にも魄があり、植物が死んだ後でも魄はこの世界に残る。たとえば、そば粉でつくったそばにも魄が宿っている。練りものや団子にも魄は宿る。料理人がどのような念を込めてつくったかが、最も重要な要素となりうるのである。

西洋薬には副作用があり、植物に由来する（一部動物由来もあるが）漢方薬は大丈夫だという人がいるが、じつは漢方薬にも副作用があることが知られている。だが、どのような薬であれ、良い感情で飲まなければ、魄も良い方向に流れない。嫌だと思うと、薬に宿る魄にもネガティブな念が宿ってしまう。すると、副作用のほうが強く出たりするのである。

プラシーボ効果と呼ばれる現象も、そこに主要因がある。効くと信じて飲めば、その肯定的な念が薬の魄に宿り、肯定的な効果を生み出すのだ。要は、どのようにイメージできるかにかかっている。良いイメージを描くことができれば、実際の薬の効用を超えることも可能なのである。プラシーボ効果は、きわめてオカルト的な現象が科学的に認められた例のひとつであるといえないだろうか。

九字を切る――恐るべき効果とは

忍者映画で誰もが一度は観たことがあるであろう「九字を切る」というしぐさがある。呪《まじな》いの類いで迷信にすぎないと思う人もいるだろうが、呪術的な力が宿る手や指を使って十字《クロス》や星型などの神聖な形を切ることは、呪術の真骨頂でもある。仏教で、両手の指をさまざまに組み合わせて宗教的理念を象徴的に表すために「印《いん》を結ぶこと」も同様だ。真言宗の開祖・空海など呪術の体系をつくった人たちの研究の成果がここにある。

戦国時代から江戸時代にかけて活躍した忍者も、実際によく九字を切ったとされている。戦前から戦中にかけて陸軍中野学校の創設にかかわりスパイ術を教えたという藤田西湖《せいこ》（一八九九～一九六六）も、甲賀忍者の末裔《まつえい》として、九字の切り方など印の結び方を教えたという。

では、九字を切るとどうなるかというと、相手の発している悪い想念が相手に返るのだ。相手が出している悪い魄を相手に戻すということなのである。

複雑な図形によって相手の念が入らなくなるという呪術が根底にある。九字も「臨・兵・闘・者・皆・陳・裂・在・前」という複雑な文字の言葉を発しながら、空間に十字を切っていく。それによって、相手の邪念をシャットアウトするという呪力があるのだ。

服の柄が複雑になったのも、そうした呪力があることに気づいたからだ。複雑なものほど、相手の悪い念が宿った魄を受けつけなくなる。指で複雑な図形とか、九字のようにたくさん線が交差する図形を描けば、邪念は退散するのである。行き場を失った邪念は、それを発した者へと戻っていく。それが後ろめたさであれ、何であれ、その念の性質のものが返っていく。そういう仕組みがあるのである。

基本的に呪術は、相手の悪い想念を返す術なのである。優秀な呪術は、相手が発している悪い想念を利用する。一方、人に対して悪い想念を発する呪術は、やがては自分に返る。すでに述べたように、「人を呪わば穴二つ」なのである。

8章

古代神話に隠された呪力

日本人の精神世界を象徴する——

神話と呪術性 ― 神々は呪力のシンボルであった

▼神話の呪力は世界共通

世界中の神話に出てくる神々や、その言動にも呪術性を見いだすことは容易に可能だ。カール・グスタフ・ユングは、神話に出てくる神々の所作やキャラクターは人間の無意識のなかにあるアーキタイプ（元型）であると考えた。

たとえば、日本神話のイザナギ・イザナミは、私たちのなかにある父性と母性、男性と女性の元型だ。道教でいうところの陽と陰の面、すなわち陽的呪力と陰的呪力を象徴しているのである。

陽の面は、社会的であり、積極的であるということだ。物質に対する強いかかわりを求めようとする心を表わす。目的地や目標を表現したり、数値化したりしようとする心を表わしている。

これに対して陰の面は、受容的だったり、他人との異なる概念と折り合いを付けようとしたりする心を表わしている。

この母性的な側面と父性的な側面は、自分が男性であろうが女性であろうが、誰もが両面をもっているのである。ユングもそれをアニマ（男性の心の奥に潜む女性的要素）とアニムス（女性の心の奥に潜む男性的要素）で言い表している。

その二つの側面の折り合いは、すべての精神的豊かさの根源にあるものだ。さまざまな悩みや苦しみ、マインドペイン（スピリチュアル的な痛み）の根源に、母性的な側面と父性的な側面の混乱がある。この二つが対立をしたり、お互いを極端に区別したり差別したりすると、自分の心が割れるのである。自分のなかにある男女が共鳴・協調しないと、心のバランスは崩れるのだ。

ではどうすればよいのか。その方法論が、イザナギとイザナミの神話に隠されている。アマテラスとスサノオの神話にもそれがある。よく書き込まれているように思う。

▼イザナギとイザナミの神話が象徴する呪力

国生み神話では、イザナミとイザナギが協力して形を生む。最初は巨大な神々が空間的に出てきて、だんだんと人間的なレベルになっていくという過程もある。とても象徴的だ。

最後、イザナミが死んでイザナギと決裂するときは非常に物質的で、黄泉《よみ》の国にいる腐った塊になってしまう。それを桃で祓うという場面もある。最近の研究では、桃のなかに制癌《せいがん》力の高い成分があることがわかったことも、偶然ではないだろう。その際、〝二対三〟の話が出てくる。イザナミが逃げ出したイザナギを恨んで、一日に一〇〇〇人殺すと宣言、これに対してイザナギが一五〇〇人生み出してやるとやり返す。

この二対三という割合こそ、奥義のような気がしてならない。つまり自分から捨てる思いが二で、拾う思いが三であることを示唆しているように思えるのだ。それが父性と母性の折り合いをつける健全な割合であるように思う。

さらに天《あめ》の御柱《みはしら》の神話でも、イザナミとイザナギの二神が象徴的に描かれている。積極的なものと、受動的なものがポジショニングでせめぎ合う。どちらが先に声をかけるべきかとか、どちら回りに柱の周りを回るべきか、などきわめて象徴的だ。

ここにあるのは、自分のなかで積極的（父性的）なものと受動的（母性的）なものをどう分けたらいいか、どうバランスを取ったらいいかという根源的な問いである。

アマテラスとスサノオの間に見られる葛藤《かっとう》も示唆的だ。

スサノオは荒《すさ》ぶという言葉の語源になったとされる男性性を表わす神である。スサノオは、とにかく行動が優先して、行動してから考えるという人間の有り様を表わしている。

これに対してアマテラスは、そこに存在するだけで、すべての光であり、潤いを与える神として描かれている。まさに母性性のシンボルである。受動的ではあるが、すさまじいパワーをもっている。

この二つの神話がもたらしているのは、積極性と受動性の問題であり、捨てるものと拾うものの問題であり、二つのバランスとその生産性の問題である。

呪力を象徴した神話
古来のスピリチュアルの知恵を探る

サルタヒコ

道の分岐点を守って、邪霊の侵入を阻止する岐《ちまた》の神とされるサルタヒコは、ニニギノミコトの天孫降臨の際、天の八衢《やちまた》（道が八つに分かれたところ）に迎えて先導したことで知られる異形《いぎょう》の神だ。この神は、知恵やはかりごとの神様のように思える。猿は基本的に知恵を表わすからだ。サルタヒコは、若いニニギにとってなくてはならない、知恵と戦略に長けた参謀のことを指すのであろう。八衢に立っていたというからには、八卦などの占術にもよく通じていたはずだ。

神話では、このサルタヒコを和らげる役としてアメノウズメという女神が登場する。この二つの神々の役割は重要である。というのも、中央政権を樹立するには、サルタヒコに象徴される参謀とアメノウズメに象徴される芸能が必要であるからだ。知恵の神と芸能の神が各地の巫女たちを統括することによって初めて一国が成るのである。それは当時、呪術性がいかに重要視されていたかの表われでもある。

サルタヒコが死んで魂が三つに分かれるのも、非常に象徴的だ。古神道では、人間は死ぬと霊魄、霊魂、直霊に分かれるからである。溺れ死んだサルタヒコは海の表層、中層、深層に分かれるが、それはそのまま、魂の表層にある霊魄、中層にある霊魂、深層にある直霊《なおひ》のことを指す。サルタヒコを通して、霊の世界の有り様を伝えているのである。

▼八岐大蛇《ヤマタノオロチ》

八岐大蛇の神話に隠されている秘密は、大蛇の構造と大蛇を退治した方法、そして退治したスサノオノミコトが何を意味しているか、である。この神話は、単なる神々の英雄伝説的な舞台劇ではない。

というのも、神話には必ず「諭《さと》し」があるからだ。神話のなかの諭しをうまく読み解くことが大事なのである。神々の奥行きに隠されたものを理解しなければならない。

では、この場合の諭しは何であろうか。

よくいわれているのは、八岐大蛇がさまざまな対立民族の象徴であるということだ。それはそうであろう。八つの頭と八つの尾をもつのだから、それを統合するのはたやすいことではない。頭同士で喧嘩したり、尻尾と頭で別々のことをやり始めたりすることもあるだろう。それはそれで解釈は合っていると思う。

だが、それだけではない。根元が一本だけれども首が八つに分かれているという様は、口先だけで嘘をいい、皆をたぶらかす人間たちのことを指している。「二枚舌」という言葉があるが、この場合は「八枚舌」である。つまり、八岐大蛇は「虚言の極み」を表わした怪物であると解釈できるのだ。

ではどうしたら、その大蛇を退治できるのか――。神話の作者は、その退治方法も明示している。まともにやり合っても、向こうが図にのるだけだ。そこで大蛇に酒を飲ませて、いい気にさせて、自滅してしまったところを切りつければいいのだと説いている。力に対して力でねじ伏せようとしてはいけない。勝手にいい気にさせて、自滅するのを待て、といっているのである。

その自滅を待つことによって、私たちは大蛇の尻尾から「草なぎの剣」を得ることができるのである。剣というのは、バランス、そして約束の象徴である。本当の意味での「人との正しい約束」を守るという意味になる。

「果報は寝て待て」で、時間が解決してくれるのだ。だから、必ず本物が出てくると信じることである。虚言や悪口に惑わされて、暗く考えない。マイナスに考える自分の習慣を断ち切るのが、剣なのだ。

また、それを実行したスサノオという神は、禊・祓いの神であるともいえる。バランスを保つための神だ。大蛇に飲ませたお神酒《みき》は、「喜び」の象徴である。私たちが喜びさえもっていれば、すべての虚偽は消えていくことを意味している。喜びのエッセンスこそが、すべての悪いモノを滅ぼすのだ。

この神話には、多くのことを悟らせる、隠喩的な呪術が隠されている。非常にいい神話であると思っている。

▼岩戸隠《いわとがく》れ

八岐大蛇神話と同様に、喜びの大切さを説いているのが、「岩戸隠れ神話」だ。岩戸に隠れたアマテラスを外におびき出すために、八百万《やおよろず》の神々は岩戸の外で大宴会を開催する。アメノウズメが狂喜乱舞して、周りの神々がその天真爛漫《てんしんらんまん》な踊りを愛でて大歓声を上げる。その「喜びの宴の歓声」に誘われて、アマテラスは岩戸の戸を開けて、外の様子を見るために顔を出す。

そこを待ち構えていたタヂカラオによって、岩戸の外に引っ張り出されたわけだ。岩屋に籠《こも》るという頑《かたく》なな心も、本当の喜びを知ることによって柔和《にゅうわ》な心になるのである。

また、怪力の神であるタヂカラオと、芸能の神であるアメノウズメという取り合わせも、意味が深い。これは「力」と「喜び」を表わしている。喜びと力が一致したときに、アマテラスに象徴される「隠れているモノ」が出てくるからだ。言い換えると、努力と喜びが一致したときに、人間の能力は最大限に引き出されるということである。

逆にいうと、嫌いな仕事を長く続けていくことは、決して喜びとはならない。当然、それはストレスとなり、老け込んでしまう。自分の能力を引き出すこともできない。また、刹那《せつな》的に遊ぶという喜びだけで、そこに将来に向かう力（労働力や仕事力）や方向性が伴わなければ、それも形にならない、骨抜きの人生となる。

それゆえに、物質化する現実的な力と、内面を喜ばせる内側への光が一致したときに初めて、隠れていたモノが現れて形になるのだ。そのとき、奇跡が起こるのである。それはまさに呪術の説明そのものではないだろうか。

▼三輪山《みわやま》

オオクニヌシノミコトが国づくりで行き詰まった際に、海上を照らして助けにきたのが三輪山の神である。オオクニヌシはその神の助けを借りて、見事国づくりに成功する。

「三輪」というのは、「三つの和」を表わす。三つのものをバランスよく考えることが重要であるということを教えてくれている。三輪山の形に見られる三角形も、三つのものの和を保つという意味がある。

この三つのものとは、何かというと、いろいろなものが当てはまる。たとえば、人間がもともともっている霊性である「直霊」「霊魂」「霊魄」を三つとすることもできる。時空を超えた「直霊」というエッセンスと、先祖から子孫に伝わる「霊魂」というエッセンス、それにこの世に生まれてから引き寄せられてくる、物寄りの霊的要素である「霊魄」というエッセンスの三つである。

この三つのバランスで霊は成り立っている。どれか一つでも乱れれば、調子が悪くなる。だからこそ、それぞれの意味をしっかりと把握しなければならないのだ。自分と先祖の魂（霊魂）

が何を望んでこの世に生まれてきたのか、古い時代から生き続けている自分の本来の魂（直霊）が何を求めているのか、そして、この世に生まれてきてから現在に至る自分（霊魄）が何を得てきたのか、をしっかりと理解すべきだ。

「三つの和」が教えてくれるのは、左と右、善と悪といった二元的要素だけで判断するのは駄目で、少なくとも両極端と中央という三つの要素を考えないと、バランスはわからないということである。そのことを象徴する三輪山に、日本をつくったとされる神（オオモノヌシノカミ）が祭られているのは非常に意味があって、三つのバランスが取れないと日本という国ができなかったことを物語っている。

一霊四魂

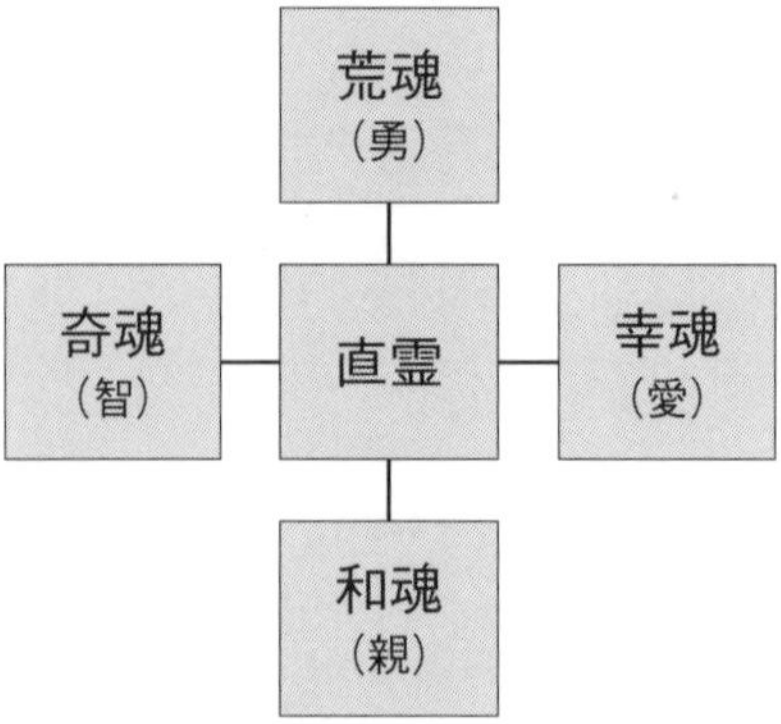

日本神話で大海原の神スサノオ、太陽の神アマテラス、夜の神ツクヨミという三貴神がイザナギから生まれるのも、ギリシャ神話で空を支配するゼウス、大地の女神デメテル、冥界を治めるハーデスという三神が描かれているのも、やはり国の成り立ちには、三つの要素が必要なことを説いている。現代の日本もアメリカも、立法・司法・行政という三権分立があるので、かろうじて国が保たれているのが現状だ。

神道思想の一霊《いちれい》四魂《しこん》も、実は三つの要素からできている。

荒魂《あらみたま》と和魂《にぎみたま》、幸魂《さきみたま》と奇魂《くしみたま》、そして直霊である。図表で表すと、横棒と縦棒、それにセンターの位置が、三つの要素の和を表わしているのである。

『古事記』の「三輪山説話」では、糸巻の麻糸が三巻き分残ったので三輪山と名づけられたと書かれている。つまり三輪山には、輪（円）を三つ重ねるという意味が込められているのだ。それは「三つの実り」と同じで、易では「天火同人《てんかどうじん》」を表わす。まさに多くの人と広く協力して事に当たることを指し、公明正大に偏りなく接すれば、チームワークの力で大きな目標を達成できることを意味している。それこそ国家の繁栄には不可欠な要素ではないだろうか。

伝説のなかの呪術――祟りの本質は何か

木を切る

神木や大木を切り倒すと祟りがあるという。確かに、共鳴する呪力というものは存在する。とくに植物と人間の間で共鳴関係が起こるというのは、昔から世界中で報告があった。たとえば、庭の木を切り倒した途端にその家の主が亡くなるなどの事例だ。ここで重要となるのは、家にどのような植物を植えて、どう育てるか、ということだ。

伊勢神宮などの聖地では、大木を切るときは必ず、切る前に枝の一部を植えて育てるという儀礼をおこなう。あるいは切った樹木の根株から出た孫生《ひこばえ》を大事に育てるのである。鎌倉・鶴

鶴岡八幡宮のイチョウ

撮影:布施泰和

岡八幡宮の樹齢一〇〇〇年ともいわれる大イチョウも二〇一〇年三月一〇日未明の強風で倒れてしまったが、いまではその孫生が、近くの別の場所に移植された樹幹（親木）とともにすくすくと育っている。

本来、その木の種を保存しておけば、倒木したとしてもその木は死んでいないのである。だが、そういうこともしないで、ただ木を切り倒すと、その失われた空間が喪失感を生み出し、バランスが崩れてしまう。先に説明した人形《ひとがた》（親しい人）の喪失と同じ現象が起きるのだ。

つまり木を切っても、植物が人間を恨むことはない。ところが、大木を切ることによって生じる人間側の後ろめたさや喪失感が、その場のエネルギーのバランスを崩壊させ、調和の取れていない現象を引き起こすのである。

それを人間は、神木の祟りと考えた。もしも樹木が人間を祟るのであれば、人類などとっくに滅んでいる。

それではどうすればいいかというと、その後ろめたさを消すために、もとの大木の孫生を大事に育てたり、枝の一部から同じ樹木を育てたり、その大木の種を蒔いたりして、「神木の祟り」を恐れる心を和らげればいいのである。

▼「欠け」を補う

家相占いで重要とされるものに「欠け」と「張り」がある。建物の平面図で、へこんだところを「欠け」といい、風水では、この欠けを非常に嫌う。だが、「欠け」は建物だけにあるのではない。

巨大な穴を掘ったりして風水的に地脈を変えることは、体に変調をもたらすことが多い。たとえば、近所で大きなビルを建てるための工事が始まれば、調子が悪くなることもある。逆に調子が良くなることもある。

そもそも、大きな気の流れを意図的に変えることが風水なのである。

どの方位で工事をおこなっているかによって、影響が出ることはひんぱんにある。家の北側で工事がおこなわれているときは、やはり直感力が落ちる気がする。それは北が霊的な力と関係が深い「坎《かん》」の方位だからである。

同様に、東の方角で工事があれば、人付き合いがうまくいかなくなることがある。それは東が人間関係を表わす「震《しん》」の方位だからだ。

どちらもその方位に「欠け」が生じていることを示している。その場合は、その方位のアイテムを置くなどして補強すればいいのだ。そうすれば、八卦のバランスは良くなる。欠けているときは補う。多過ぎるときは、減らせばいいだけの話だ。

その方角のアイテムであれば、何でもいい。どのようなアイテムがあるかは、30~31ページの図を参照してもらいたい。そのなかで何を置くかは、その人のセンスだ。自分で感じ取って、実験を重ねてみてはいかがだろうか。

終章　暮らしのなかで呪力を活かす知恵

礼と節―怨念を払いのけるための呪術

ここまで、私たちの慣習に込められたさまざまな呪術的意味を見てきた。そこには、根底に共通する考え方や法則のようなものがあることに気づかれたことと思う。

しかし、そうした意味を知らずに伝統やしきたりに縛られていると、ただ窮屈に感じてしまう。そこで本章では、そうした考え方や法則をふまえ、より実践的に日常の生活に活かしていくことを提案していきたい。

まずは中国で発祥し、今日の日本でも大きな影響をもつ一方で、窮屈な印象をもつ人も多い儒教の教えについて述べていきたい。

儒教は道徳的風習を残した教学であった。その教えは、道徳的な窮屈さに対する反発から近代以降、激しい批判の的になっている。だが、その批判の多くは、当初あったであろうスピリチュアル的な意味の喪失からきているように思われる。

その喪失の筆頭が、礼と節の重要性だ。とくに「節」にはなぜ季節の「節」という字を使っているのかを知っておく必要がある。それは節度の節である。節には、やり過ぎず、引き過ぎずという意味が込められている。「礼」はそのバランスを取るための作法を説いたものであった。そして、実はこの「礼節」こそ、スピリチュアルな世界を極めるうえで最も重要な要素なのである。

スピリチュアルな世界では、生体が発するオーラがある。その人の生体や霊的な状態の情報をもった、繊維状の細い光の管の束のようなものだ。オーラには拒絶と引き寄せの両方の意味と呪力がある。コミュニケーションにおいてどれだけ人を惹《ひ》きつけたらいいか、どれだけ自分の魅力をアピールしたらいいか、「私は、私は」という態度をどれだけとったらいいか、逆にどういうときにそれをやめて、自己主張を控えたらいいのか、といった節度の問題も生じる。

それと同様に、礼節には人間関係の節目という問題もある。たとえば、私がAさんからBさんを紹介されたとしよう。人間関係の縦の節目だ。私がAさんに断りもなく、直接Bさんに会ってしまうと、Aさんは気分を害する。本来ならAさんを立てる形でBさんと付き合わなければならない。この節度をうまく保つ人が、人間関係をじょうずに広げたり掘り下げたりしていく人である。

実は、この礼節が、怨念を受けない技術なのだ。お世話になった人にお菓子をもっていく「菓子折り」の風習は、怨念を受けない技術の一つであった。

菓子折りには、「菓子」と「折り」という二つの意味がある。菓子は甘いものを食べさせることによって、相手を恨まなくさせるという呪術的懐柔《かいじゅう》効果がある。折りは、本当に折った「折り符」を貼りつけたり、水引を折り曲げた飾り縛りを貼りつけたりする。

そもそも、「折り」はそこに神様や精霊が宿ったりする呪術的なものなのだ。とくに折り符は、日本では非常に古い時代から存在している「お札《ふだ》のもと」になっているものだ。ある特定の折り方をすることによって、相手の悪いものを受け入れないようにするという呪力があった。

このように呪術には、二つの力が存在する。悪いものをブロックする技術と、より良いものを通わせる技術だ。相手に自分のいい感情をわかってもらうようにしたり、相手のご先祖様の意志を感じ取ったりする。同時にお互いの悪い面を止めるという効果もある。それに必要なのが、「礼」であり「節」なのである。

自分を強く主張することと、感じ取ることとのバランスを保つ技術が進めば、具合が良くなり、リラクゼーションが進む。近代人のストレスの多くは、人の奥行きや感情がわからないことから生じる。それをわかるようにするためには、古くからいわれている「習わし」や「しきたり」が、実は非常に役に立つ。それを守ることが結局、リラクゼーションや美しさの維持や、自由なる心の保全につながるのである。

もちろん礼節の儀礼によって、自分を「雁字搦《がんじがら》め」にする必要はない。儀礼の本当の意味を知って、それを自分なりにアレンジして有効に活用すればいいのだ。

メールの一通で企業が内定を取り消したり、学生が内定を辞退したりする時代である。そこには「礼」も「節」もない。あるのは、生身の人間と向き合おうとしない、冷たい無機質な世界である。人の心は完全に置き去りにされてしまっている。それによって渦巻く憎悪、禍根、恨み辛《つら》みはいかばかりであろうか。そうしたネット上に飛び交う怨念の嵐に巻き込まれないようにするためにも、最低限の礼節は守らなければならないのである。

易と占い――占いの本来の目的を知る

やることなすことうまくいかないときは、誰もが経験したことがあるだろう。するべき努力もすべてした。打つべき手もすべて打ったが、万策《ばんさく》尽きた……。

そういうときは、何が障《さわ》っているのかを突き止めることである。何が問題かを調べなければならない。その有効な手段が、易経などの占いだ。とくに易経は、長年の風習・しきたりと、その呪術の結果が集大成された、宇宙普遍の法則の教科書なのである。それを有効に活用しない手はない。

現代人のように、「今日は運がいいか」とか、「異性との出会いはどうか」などを聞くのは、実は占いの本分ではない。調子が悪いときにどうすればいいのか、会社の経営状態が悪いときにどうすればいいか、国家の危機を脱出するにはどうしたらいいかなど、もっと人生の大事な岐路に立っているときに、その問題点を明確にするのが本当の占いなのである。

占いはそれだけ真剣におこなわなければならないことであった。いまは占い自体の本質が、地に落ちている。占いは本来、調子の本当に悪いときや、岐路にたたされたとき、あるいは危機に直面したときにおこなうのが正しい。

第一〇代崇神天皇の時代に、疫病が大流行して国が滅びそうになった。そのとき、崇神天皇が真っ先に何をしたかというと、それは占いであった。その結果、大田田根子《おおたたねこ》を三輪山のオオカミ（大神）を祭る祭主に抜擢《ばってき》することによって国難を乗り越えたと記紀に書かれている。

占いは乱発してはいけないのだ。基本的には、不安なときにおこなうのがいい。乱発してしまったら、それだけ占いの「ありがたみ」が消えてしまうからだ。占いの尊厳を保ちながらおこなうのがコツであろうか。

もう一つのコツは、占いで「卦」（結果）が出たら、必ずそれを実行しなければならないということだ。少なくともきちんとそうした思いをもって、真摯にたずねなければ正統な占いにはならない。

また、良い結果が出るまで何回も占いをしてはいけない。一回勝負で、結果が出たらそれを必ず守るようにすべきである。そこに恣意性《しいせい》が入ったら、占いの意味がない。

余計な考えを捨て去って、真摯に占いをすれば、本当の答えが返ってくるのである。

心の変調――三つの原因を調べる

(1)「み」に起因する変調

心身に変調が起きたとき、どうしたらよいか。それを語る前に、一つの考え方として、「日」

や「霊」を象徴する「ひ」と、「身」や「水」を象徴する「み」があることを73ページで述べた。そして、その中間にあるのが「気」に象徴される「き」である。

心身の不調が「ひ」的なとき、すなわち霊的なモノに原因があるのか、あるいは「み」的なとき、物寄りのモノに原因があるのか、あるいは「き」的な、霊と物質の中間のようなモノに原因があるのかを見極める必要がある。

見極めるためには、この世にどのような物寄りの霊的要素があるのかを説明しなければならない。

繰り返しになるが、日本の心霊学や神道では、物寄りの霊的要素を「魄」と呼ぶ。これは死して物の周辺に残る念のようなものだ。霊のなかでもべたつく物寄りの「物の怪《け》」のことである。普通の「気」と「物の怪」は分けて考えられている。

この「物の怪」は、長くこの世に残留すると妖怪化する。たとえば、ある場所にいき、ある骨董品を手に入れたり、古い遺跡に手を触れたりして、その直後に調子が悪くなったとすると、「物の怪」あたりをしたと考える。これは物寄りの「み」に起因する変調である。

この場合は、水で清めるに限る。別にどこか特別な場所にいく必要はない。自宅でシャワーを浴びるだけで、大丈夫だ。つまり、祓いや表面的な「禊」でも十分である。禊の際は、つむじ（頭頂の百会《ひゃくえ》）あたりと、風紋と呼ばれる、邪気が出入りするといわれている首の付け根のところ（ここに家紋が当たるようにして和服を着て、先祖の力を使って邪気が入らないようにしたといわれている）にシャワーをかけるといい。石鹸を使って丁寧に洗い流すことによって、物の怪は退散もしくは消滅する。

（2）「き」に起因する変調

次に「き」に起因する変調の場合は、この物質界に存在する、霊と物質の中間の見えないものが影響を与えている。「き」はある程度長く培われた見えないもので、日本の古い言葉を使えば、霊魂の「魂《こん》」と呼ばれているものだ。人の念がべたべたとくっついて歴史化したものである。人の情念の思いの積み上げでできている。この積み上げられた念が、変調の原因であることがある。

「恨む」という字は、「心」に「艮《ごん》」と書くが、艮は本来「山」を表わす。心が山のように鬱積《うっせき》されたものが、「恨み」である。「怨念」とも呼ぶ。何か大きな変調をきたしたときは、人の恨み、長いこと鬱積した思いが原因であることが多い。それには、自分の自分自身に対する「恨み」も含まれる。「自分はダメ人間だ」とか「私はこんなにも馬鹿だ」と卑下《ひげ》し続けることも、ネガティブに考え続けることも「恨み」だ。考え方の癖が、特定の念をつくり上げるのである。

これをきれいにするのは、シャワーによる表面的な禊だけでは足りない。というのも、それまでの自分が積み上げてきた「歴史」に攻撃されているようなものだからだ。この場合には、未来のことを考えるのがいちばん良い。明るいことやポジティブなことを考える癖をつけて、自分のなかからネガティブな感情を追い出すことである。考え方を変えるだけで、変調を消し去ることができるのだ。

未来の考え方を明るくするような映画を見るだけでも効果がある。おいしい食べ物を楽しく食べるのも有効だ。自分の体を鍛えるのでもよい。風習的にいうならば、場を変えることが重要だ。パワースポットや神社仏閣を訪れるのも良い。聖なる領域に入れば、おのずとわだかまりが消え、ネガティブな考えが静まるものなのだ。

陰陽道の「方違《かたたが》え」（他出するときに、天一神《なかがみ》のいるという方角に当たる場合はこれを避けて、前夜、吉方《えほう》の家に一泊して方角を変えていくこと）もこの考え方に近い。つまり聖地に向かうということである。

お参りをする他には、山にいくのも良い。「恨み」の悪いものを断ち切るには、山にいくことだ。川を渡るのもいい。自然界の力を借りて、「恨み」などに代表される世俗的な考えを断ち切るのである。

日本では、とくに「恨み」の悪いものを解消するのに適した場所もある。それが温泉だ。温泉はお祓いや禊の力が非常に強い。温泉に浸《つ》かれば、霊的にもかなり浄化される。ただし、温泉にいくなら硫黄の温泉が良い。恐山《おそれざん》（青森県の霊場）のそばにも、専門の行者が禊をするためにいく、かなり強い硫黄の温泉があると聞いている。もともと硫黄の粉は、南米などでは塩に匹敵するお祓いの道具として使われている。日本では硫黄温泉はそこらじゅうにあったので、わざわざ粉にしなくても、温泉に浸かるだけで良かったのである。

塩をそばに置いておくのも、有効だ。塩を盛っておけば、邪気は祓えるのである。

(3)「ひ」に起因する変調

「ひ」に起因する変調の場合は、完全に俗世間を超越した霊的なものがかかわっている。霊的なものに関しては、宇宙空間論的に大きく考えるしか方法はない。

具体的にどうするかというと、太陽を拝み、星々を眺め、月を愛《め》でて、大きな宇宙に目を向けることだ。雄大な山々を見たり、何かが誕生するのを眺めたり、出産に立ち会ったり、初めてのものを見たり、初体験をしたりするのもいい。大宇宙に思いを馳せ、自分がこだわっていることが、いかに小事であるかに気づくことだ。

「ひ」に起因する変調の特徴は、眠りが極端に浅くなることだ。スピリチュアルな夢をやたら見るようになる。霊的な現象をよく見るようになり、心霊現象が起きるようにもなる。

まれに、霊が取り憑く場合もある。一晩中、家のなかでポルターガイスト現象が起きるなど、はっきりと霊の存在がわかる現象が起きたりする。

生霊《いきりょう》がかかわる場合もあるが、これは「ひ」的な現象というよりも「き」的な現象だ。感情や気持ちのレベルを高めることによって、「き」的なものは祓える。素敵なアートを見るだけでもいい。念じていると思われる相手に甘いものを食べさせるだけでも、「き」は祓えるのだ。

「ひ」による変調は、もっと自分の人生の目的、とくに霊的な目的にかかわる場合に起こることが多い。大局を見失っているときに、半ば強制的に起こることもある。人によっては、眠り続ける場合もある。神々しい力が降り注いでくるときは、眠くなる。その眠りによって、体調が調整される場合もあるようだ。

▼変調の二つの現れ方

「み」「き」「ひ」の三つのことが乱れた場合に、その現れ方には二つある。

一つの現れ方は、体調が悪くなり、もう一つの現れ方は、やっていることのタイミングが合わなくなるということである。どちらも最終的には、心が立ちいかなくなる。マインドペイン（心の痛み）が出てくるのである。理由のない絶望感が生じ、それが長く続くと、誰かのせいにしたくなったり、いらいらするようになったり、怒るようになったり、人を傷つけたりするようになる。

要はその変調がどこに起因するかを見分けることが重要だ。昔は太占《ふとまに》という方法（卜占《ぼくせん》の一種で、鹿の肩甲骨などを焼いて、その面に生じた割れ目の形で吉凶を占ったとされる）があり、それを見分けた。占いとはもともと、その日の運の良し悪しや恋愛運などを占うものではなかった。自分の人生のなかで非常に重要な節目において、人生の方向を確かめるための手段が太占であった。大きな世界を占うから「太」という字をあえて使ったのだ。

太占によって、三つの要因のどれに起因するかを確かめ、その原因をどうやって断ち切るかを太占によって占った。そうすることによって、これは「き」の問題だから、どこどこの山へいけとか、何を食べたらいいとか、何時ごろ水を浴びたほうがいいとか、といったことを知ったのだ。時間と場所をある程度吟味するのに、太占が有効利用された。

「霊」の正体を知ることにも、太占が使われた。生霊なのか、神様的なものなのか、精霊なのか、妖怪なのか、その霊の正体を太占によって判別したりもしたのである。

うつ病とスピリチュアル的療法

うつ病的な症状には、スピリチュアル的なものと、そうでないものがあるのでしょうか、とよく聞かれる。

医師でない者が病気を診断してはいけないし、治療をしてもいけないから私からは何ともいえない。ただいえることは、うつ的な人のなかで、心療内科や精神科に受診しにいった後、その心療内科の先生の紹介で私のところに相談にくるケースがあるということだ。つまり、現代の医学では手に負えないケースもあるのである。また、その先生自身が連鎖的にうつっぽくなって、私のところに相談にきたことも一度や二度ではない。

難病治療をおこなっている代替医療（西洋医学以外の治療、鍼灸《しんきゅう》や気功などをはじめとする伝統療法）の医師自身が、難病になるケースは多い。そういう場合の多くは、霊的な「ひ」や「き」

に起因するケースだ。蓋を開けると、かつて「ツツガムシ」と一括りにされて呼ばれていた妖怪のようなものが出てきたこともあった。

難しい治療をおこなっている先生のところには、難しい症例をもった患者が現れるので、それが連鎖的に私のところに回ってくるのである。これは、ヒーリングや代替療法に携わる人々全般にいえることで、そうした仕事の人ほど、自分の心のあり方に心を配る必要があるように思う。謙虚なヒーラーほど自分の問題点とも正しく向き合おうとするものである。

そういう場合には、私は伝統的な祓い方をほどこすようにしている。すべてが祓いやスピリチュアル的な癒しによって解決できるわけでもないが、将来的には、西洋医学、代替医療、そしてスピリチュアル的な癒し術が協力して、うつ病や難病を解決するような時代がやってくるのではないかと思っている。

修行と眠り——眠りのスピリチュアル的な効用

断眠修行の意味

修行することによって、迷いを断ち、邪を祓う人もいる。その修行のなかに、断眠修行がある。その一つの意味は、眠りという欲望と闘う、そのシミュレーションである。

修行の基本として、欲望を抑える（止める）ということがある。セックスをしないとか、眠らないとか、食事を取らないなどが代表的な例だ。その目的は、欲に打ち勝った面白さの追求である。

だが、在野《ざいや》の人はそのようなことをおこなっても挫折するのは目に見えている。修行はTPOを間違えると、挫折経験だけが積み重ねられ、怨念だけが残るようになってしまうのだ。自己のイメージに対する穢れだけが残ってしまう。

これがしきたりとしての修行の間違った使い方である。妙に変なしきたりばかりを課して、それが義務となるのなら、それは間違っている。面白さのない修行なら、それはやらないほうがいい。

神棚とか仏壇をつくったら毎日お水をあげなければならないのではないかとよく聞かれる。だが、そんなことはまったくない。神社の札《ふだ》をもらったら、毎年返しにいかなければならない、ということもない。しきたりには、妙な迷信、妄信が増えているように思われる。それもしきたりの本来の意味が喪失しているからではないだろうか。

断眠修行のもう一つの側面は、あの世とこの世の中間的なところに意識が座するのが眠りだということに気づくことである。そうした位置に座することによって、物の穢れを祓うという効用がある。眠ることは最大のお祓いなのだ。眠らないことを目的にしてはいけないのである。

実際に眠ることによって、血液の供給量が、立っている姿勢よりも四〇%くらい良くなり、体内をめぐる血液が体を浄める。これが眠りである。心にも体にも良い呪術だ。

向こう側の世界から、人間にアクセスしたくて、その人が眠らされる場合もある。急に眠くなったりするのは、そういう場合がある。

昔、私が交霊とか超能力などスピリチュアルな実験をやっている最中に、超常的な偏った空間ができるので、研究者もみな眠くなるという現象が起きたことがあった。そういう現象は、私以外にも数多く報告されている。

逆に無理に断眠をすると、危険なものが入り込んでくる場合もある。一方、断眠ではなく、短眠はお勧めである。私の場合は、若いころから計画的に徐々に短眠にしていった。いまは一日四時間半の睡眠で元気に一日を過ごせる。朝でも夜でも四時間半の睡眠をどこで取っても、それだけで十分回復し、疲れることはない。おかげで一日をぜいたくに使えるようになった。何時に寝ても四時間半で起きる。

「北枕」を忌むのは迷信

ただし、寝る場所を整える必要はある。寝る場所を浄めるのである。実は私は、寝る場所には二〇種類以上のお札と、ありとあらゆる霊的なグッズやパワーストーンを置いている。そこで寝ると、すぐにスコーンと眠れるのだ。目覚めはいつもすっきりである。

そうなるまでにいろいろな実験をした。それでわかったのは、とにかく寝る場所に邪気が入り込むのは良くないということだ。そして、基本的には北枕がいちばんいい。一般的には、北枕は死者の横たえ方であり、不吉だとして忌むが、そんなことはまったくない。釈尊が涅槃《ねはん》のときに北枕だったので、「下々の者はやってはいけない」といわれているだけで、実は、安眠という観点からいって北枕は非常にいい。

権力者がやっていたことで、下々の者がやってはいけないとされている「しきたり」も実は多いのである。

これは間違ったしきたりであり、迷信でもある。たとえば、昔は王様しかできないとされた手かざし療法である「ロイヤル・タッチ」は、いまは誰でもおこなうことができる。天皇にしか降りてこなかった神様が、実は誰にでも降りてくることがわかったので、江戸から昭和の時代にかけて新興宗教が増えたのである。

あとがき

●風習を呪術性から読み解く作業

最近はマインドフルネスとか、脳にいちばんいい瞑想は何かという議論がよくなされるようになった。私から見れば、脳にいちばんいいのは、「動的瞑想」である。座禅に代表される動かない瞑想、つまり静的瞑想はマインドフルネスをはじめたくさんある。

だが、日々の動作を整えるという瞑想があるのである。それは、すなわち体で所作を覚えておこなうことによって得られる脳の活性化にほかならない。その所作こそが本書で取り上げた「しきたり」であり風習である。

しきたりは、意味を味わい、良い感情とイメージで実行すれば、動的瞑想として、どのようなノウハウよりも人の脳にいい影響を及ぼすのではないかと私は考えている。

近年、しきたりや風習を捉え直そうとする動きや、悪慣習に流されずに道徳的に生きるためにはどうしたらいいかを指南したガイドブックのようなものが流行っている。

だが、残念なことに底の浅い「お説教」のような本では、かえってしきたりや風習を否定するための素材にされてしまうのがオチである。

確かに否定的な人々が「おっしゃる」ように、古くからの習わしや慣習と信じられていたものが、文献上研究してみると、せいぜい二〇〇年くらいの歴史しかないというものは、実は驚くほど多い。たとえば、「神道的文化」なるもののしきたりが、いまの形になったのは、明治以降のものが多く、神道批判の論点になっている。

だが、二〇〇〇年の歴史しかないからといって軽んじていいものなのだろうか。というのも、祖先をどこまで遡るかによるが、少なくとも二〇〇〇年以上にわたる日本人の歴史の果実として生まれたものがしきたりや風習なのである。しかも、その「二〇〇〇年の歴史」をもつしきたりや風習は、西洋文明の科学的批判主義や物質主義が流入したこの一五〇年間を、カタチを変えつつも生き延びたのである。

むしろ、西洋の物質文明に屈せずに生き延びた「強さ」がすごいのではないか。そこには多くの秘密があるのである。

なぜ生き延びることができたのか。それは、風習やしきたり、作法などの話をしようとすると、西洋の科学文明ではいまだ解明できていない、いくつかの呪術的原因（私はあえてそれをオカルティック・エヴィデンスと呼ぶ）にどうしても行き着かざるをえなくなるからだ。

それを文献から見た「いつごろから始まったか」「どこに出ているか」、つまり学術的エヴィデンスのみで追究していくと、「どれも迷信だ！」という話となってしまう。そのような姿勢では、風習やしきたりがもつ呪術性を理解することは難しい。

そこで私は、改めて呪術的な観点、すなわち風習に隠された呪力の観点から「オカルティック・エヴィデンス」を導き出して、「風習」「しきたり」の有効性を論じていこうと思いたった。

●風習を定着させた三つのパターン

四〇年余の私の研究でも、風習やしきたりの根元には、やはり複数のオカルティック・エヴィデンスが存在する。その背後には三つのパターンがある。

一つは、これまでに出現した達人やカリスマ的指導者、霊的異能者などが「実行」していたことや「悟っていたこと」の呪術的側面などにうかがえる。大衆は、彼らの偉業や能力に「あやかりたい」とか「真似たい」と考えるようになり、同じようなしぐさや作法をするようになったという事実がある。

それは「真似る」は「学ぶ」と同源であるとの説にも通じる。たとえば、日本の年中行事には、栄えていたころの中国の王宮でおこなわれていたしきたりや風習が、日本の宮中に伝わり、それがさらに大衆に広がったという行事が多い。これらはすべて、うまくいった、あるいはうまくいっていると思われる呪術的な行事や所作を真似るということから生まれた風習である。

ただしここには問題もある。確かに呪術的な行事や所作に効果はあるが、真似ることだけが伝承され、本来の意味、つまり重要さの源となる霊的な実用性がわからなくなっている風習が多いことだ。やはり意味を知らなくては、宝の持ち腐れである。意味を知れば、その効果は倍増する。

二つ目には、それぞれの時代の社会を反映し、その構造を続かせるために必要だったという呪術的側面がある。君主など目上の者に対する作法や儀礼、長年われわれが使っている文字などによる固定観念の定着がこれである。

たとえば、「民」という字には、目を刺して視力を失わせるという形が隠されている。「臣」もまた同じで、君主に対する盲目的な従属をイメージ付ける力がある。「民」や「臣」という文字を使い続けさせることによって、潜在意識下でこのイメージを大衆に定着させるという呪力があるのだ。これらの呪術はやはり、権力者や国家に寄り添ったものとして、個人を抑圧する方向に偏らせている。

では、どうすればいいのか。少なくとも、私たちは、そのからくりを知らなければならない。妄信し続けるのではなく、立ち止まって、その作法や儀礼の本質は何か、どのような呪力があるのかを理解して吟味することが必要なのである。

三つ目は、イメージを楽にしたり、ヒーリングしたり、わだかまりなどをきれいにする呪術的側面である。それらは「言葉の語呂合わせ」や「数字遊び」などと結びついて習慣化している。これは大衆に根差した、大衆のための呪術として伝承されてきた。

やはりここでも、私たちは伝承されてきた「遊び」に隠された呪力に気がつかなければならないのである。

私はこの三つの視点から、日本人の風習に隠された呪力を分析し、「使って得（徳）をするしきたり」を本書で詳《つまび》らかにしたつもりである。

そのため本書では、学術的なデータはたっぷり込められているが、学術書ではなく、単なるオカルト書でもない。あえていえば、皆さんが実行してみて「面白い」「美味しい」と思えるノウハウとして「風習」「しきたり」を捉え直すという作業をおこなっている。そこからヒントを得て、風習に隠された呪力を実践し、皆さんの快適な生活の糧にしていただければ幸甚である。しきたりや古伝風習の意味を実践的観点から、それも「見えない力」との接点を考えつつ捉え直す旅は、先祖の願いや祈り、そして愛情にふれる旅路であると、私はあらためて痛感している。

皆さんの人生の旅はこれからだ。幸運とすばらしい出会いの旅であることを心から念じてやまない。

●参考文献

秋山眞人『願望実現のためのシンボル超活用法』ヒカルランド、2012年
秋山眞人・布施泰和『シンクロニシティ「意味ある偶然」のパワー』成甲書房、2017年
秋山眞人・協力／布施泰和『シンクロニシティ　願望が実現する「偶然」のパワー』河出書房新社、2019年
浅野和三郎『心霊学より日本神道を観る』心霊科学研究会、1938年
アト・ド・フリース、山下主一郎ほか訳『イメージ・シンボル事典』大修館書店、1990年
飯倉晴武『日本人のしきたり』青春出版社、2007年
板津七三郎『埃漢文字同源考』岡書院、1933年
板津七三郎『埃漢文字同源考重訂及補遺』星野書店、1935年
宇治谷孟『日本書紀（上）全現代語訳』講談社学術文庫、2002年
大場千秋『呪の信仰』教育研究会、1931年
小笠原孝次『言霊百神』東洋館出版社、1969年
小倉曉風『御道の寶』成章堂、1921年
國學院大學日本文化研究所編『神道事典』弘文堂、2005年
桜井徳太郎『地蔵信仰』雄山閣、1983年
佐治芳彦『謎の神代文字』徳間書店、1979年
佐藤三郎『諸祭神名総覧』明文社、1935年
山陰神道本庁『陰陽道秘鍵寶典』山陰神道教務庁、1975年
塩月弥栄子『冠婚葬祭入門』光文社、2002年
視覚デザイン研究所編『日本・中国の文様事典』視覚デザイン研究所、2000年
ジョー・マーチャント、服部由美訳『「病は気から」を科学する』講談社、2016年

白川静『常用字解』平凡社、2004年
新城新蔵『迷信』興学会出版部、1925年
世界の文字研究会編『世界の文字の図典』吉川弘文館、2014年
武田久吉『農村の年中行事』有峰書店、1973年
田中久文『九鬼周造――偶然と自然』ペリカン社、2001年
谷川健一ほか著『日本民族文化大系第二巻　太陽と月』小学館、1983年
千葉公慈『知れば恐ろしい日本人の風習』河出書房新社、2012年
次田真幸『古事記（上）全訳注』講談社学術文庫、2002年
次田真幸『古事記（中）全訳注』講談社学術文庫、2002年
野間清治『處世の道』大日本雄辯會講談社、1930年
藤井青銅『「日本の伝統」の正体』柏書房、2017年
松下井知夫・大平圭拮『コトバの原典』東明社、2005年
三浦佑之『口語訳古事記（完全版）』文芸春秋、2013年
安井洋『日本語源の心理的解釈』刀江書院、1937年
綿谷雪『ジンクス―運と偶然の研究』三樹書房、1980年

秋山眞人　あきやま・まこと

1960年生まれ。国際気能法研究所所長。大正大学大学院文学研究科宗教学博士課程前期修了。13歳のころから超能力少年としてマスコミに取り上げられる。ソニーや富士通、日産、ホンダなどで、超能力開発や未来予測のプロジェクトに関わる。画家としても活動し、S・スピルバーグの財団主催で画展も行なっている。コンサルタント、映画評論も手がける。テレビ出演多数。著書は、『日本のオカルト150年史』『シンクロニシティ　願望が実現する「偶然」のパワー』ほか、100冊を超える。
公式ホームページ　https://makiyama.jp/

布施泰和　ふせ・やすかず

1958年生まれ。英国ケント大学留学を経て、国際基督教大学を卒業（仏文学専攻）。共同通信社経済部記者として旧大蔵省や首相官邸を担当した後、96年に退社して渡米、ハーバード大学ケネディ行政大学院ほかで修士号を取得。帰国後は国際政治や経済以外にも、精神世界や古代文明の調査、取材、執筆をおこなっている。秋山眞人氏との共著も多数。

しきたりに込められた日本人の呪力

二〇二〇年六月三〇日　初版発行
二〇二二年八月三〇日　3刷発行

著　者――秋山眞人
協　力――布施泰和

企画・編集――株式会社夢の設計社
東京都新宿区山吹町二六一　郵便番号一六二―〇八〇一
電話（〇三）三二六七―七八五一（編集）

発行者――小野寺優
発行所――株式会社河出書房新社
東京都渋谷区千駄ヶ谷二―三二―二　郵便番号一五一―〇〇五一
電話（〇三）三四〇四―一二〇一（営業）
https://www.kawade.co.jp/

DTP――アルファヴィル
印刷・製本――中央精版印刷株式会社

Printed in Japan ISBN978-4-309-28806-2